晴れの国おかやま検定

公式参考書

2024－2025

吉備人出版編集部・編

OKAYAMA MAP

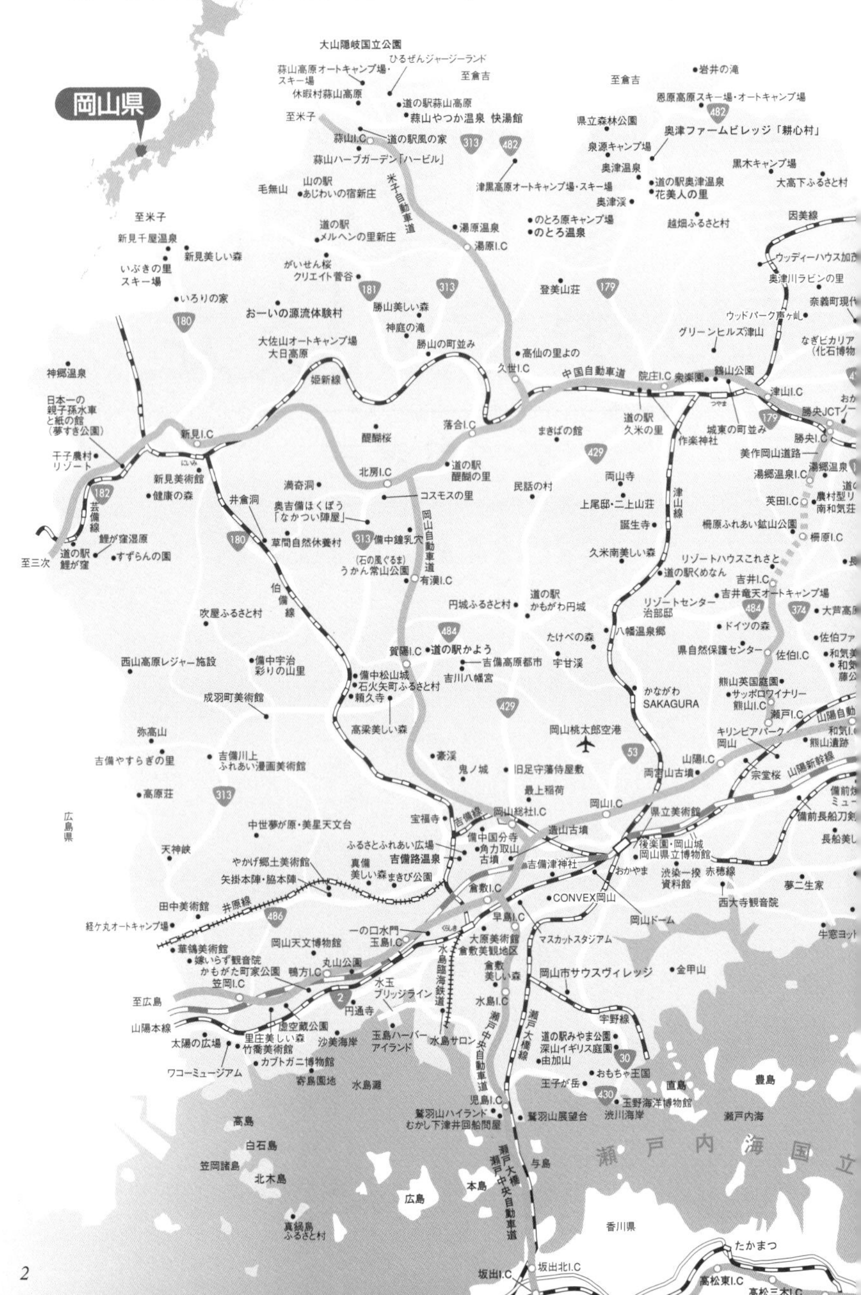

岡山県
大山隠岐国立公園
ひるぜんジャージーランド
蒜山高原オートキャンプ場・スキー場
休暇村蒜山高原
至倉吉
至米子
道の駅蒜山高原
蒜山やつか温泉 快湯館
蒜山I.C
道の駅風の家
蒜山ハーブガーデン「ハービル」
米子自動車道
313
482
津黒高原オートキャンプ場・スキー場
毛無山
山の駅
あじわいの宿新庄
道の駅
メルヘンの里新庄
湯原温泉
湯原I.C
のとろ原キャンプ場
のとろ温泉
岩井の滝
恩原高原スキー場・オートキャンプ場
県立森林公園
奥津ファームビレッジ「耕心村」
泉源キャンプ場
奥津温泉
黒木キャンプ場
道の駅奥津温泉
花美人の里
大高下ふるさと村
奥津渓
越畑ふるさと村
因美線
ウッディーハウス
奥津川ラビンの里
奈義町現代
ウッドパーク声ヶ乢
なぎビカリア
グリーンヒルズ津山
至米子
新見千屋温泉
新見美しい森
いぶきの里
スキー場
いろりの家
180
がいせん桜
クリエイト菅谷
181
313
勝山美しい森
おーいの源流体験村
神庭の滝
勝山の町並み
大佐山オートキャンプ場
大日高原
登美山荘
179
高仙の里よの
久世I.C
中国自動車道
院庄I.C
衆楽園
鶴山公園
津山I.C
つやま
神郷温泉
日本一の
親子孫水車
と紙の館
(夢すき公園)
姫新線
新見I.C
にいみ
落合I.C
道の駅
久米の里
作楽神社
城東の町並み
勝央JCT
勝央I.C
美作岡山道路
湯郷温泉
湯郷温泉I.C
まきばの館
429
千子農村
リゾート
新見美術館
健康の森
醍醐桜
北房I.C
道の駅
醍醐の里
満奇洞
コスモスの里
両山寺
民話の村
上尾邸・二上山荘
英田I.C
南和気荘
182
芸備線
井倉洞
奥吉備ほくぼう
「なかつい陣屋」
313
備中鍾乳穴
岡山自動車道
誕生寺
津山線
柵原ふれあい鉱山公園
柵原I.C
鯉が窪湿原
道の駅
鯉が窪
すずらんの園
至三次
180
草間自然休養村
(石の風ぐるま)
うかん常山公園
有漢I.C
久米南美しい森
リゾートハウスこれさと
道の駅くめなん
吉井I.C
リゾートセンター
治部邸
吉井竜天オートキャンプ場
伯備線
吹屋ふるさと村
円城ふるさと村
道の駅
かもがわ円城
484
374
八幡温泉郷
ドイツの森
484
たけべの森
県自然保護センター
佐伯I.C
賀陽I.C
道の駅かよう
吉備高原都市
宇甘渓
吉川八幡宮
西山高原レジャー施設
備中宇治
彩りの山里
備中松山城
石火矢町ふるさと村
頼久寺
成羽町美術館
高梁美しい森
429
かながわ
SAKAGURA
熊山英国庭園
サッポロワイナリー
熊山I.C
瀬戸I.C
山陽自動
弥高山
岡山桃太郎空港
キリンビアパーク
岡山
熊山遺跡
吉備やすらぎの里
吉備川上
ふれあい漫画美術館
豪渓
鬼ノ城
旧足守藩侍屋敷
53
山陽I.C
両宮山古墳
宗堂桜
山陽新幹線
高原荘
313
最上稲荷
岡山総社I.C
岡山I.C
県立美術館
備前長船刀剣
宝福寺
吉備線
広島県
中世夢が原・美星天文台
造山古墳
備中国分寺
長船美し
天神峡
ふるさとふれあい広場
角力取山
古墳
後楽園・岡山城
岡山県立博物館
やかげ郷土美術館
吉備路温泉
真備
美しい森
まきび公園
吉備津神社
おかやま
渋染一揆
資料館
赤穂線
矢掛本陣・脇本陣
倉敷I.C
CONVEX岡山
夢二生家
田中美術館
井原線
486
西大寺観音院
経ケ丸オートキャンプ場
一の口水門
玉島I.C
くらしき
早島I.C
岡山ドーム
牛窓ヨット
岡山天文博物館
大原美術館
倉敷美観地区
マスカットスタジアム
華鴒美術館
嫁いらず観音院
水島臨海鉄道
かもがた町家公園
鴨方I.C
丸山公園
倉敷
美しい森
岡山市サウスヴィレッジ
金甲山
笠岡I.C
水玉
ブリッジライン
至広島
2
水島I.C
円通寺
宇野線
山陽本線
瀬戸中央自動車道
瀬戸大橋線
道の駅みやま公園
深山イギリス庭園
由加山
太陽の広場
里庄美しい森
竹喬美術館
沙美海岸
玉島ハーバー
アイランド
水島サロン
30
ワコーミュージアム
カブトガニ博物館
寄島園地
水島灘
おもちゃ王国
王子が岳
直島
豊島
児島I.C
430
玉野海洋博物館
鷲羽山ハイランド
むかし下津井回船問屋
鷲羽山展望台
渋川海岸
瀬戸内海
高島
瀬戸内海国立
白石島
笠岡諸島
瀬戸大橋
瀬戸中央自動車道
与島
北木島
本島
広島
香川県
真鍋島
ふるさと村
たかまつ
坂出北I.C
坂出I.C
高松東I.C
高松三木I.C

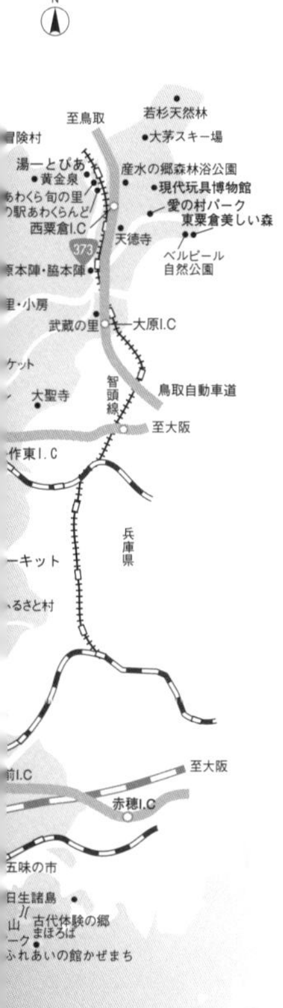

岡山県

岡山県は穏やかな気候と水に恵まれ、古来、交通の要衝として多くの人と物が行き交うなかで、独自の文化を育み豊かな歴史を刻んできた。

中国地方の南東部に位置する岡山県。古代には都と九州北部を結ぶ山陽道の真ん中にあって、大和地方と並ぶ勢力を誇っていた。「岡山」の由来は、戦国大名の宇喜多秀家(うきたひでいえ)が城を築いた辺りの小山が、「岡山」と呼ばれていたことから。現在、東は兵庫県、西は広島県、南は瀬戸内海を隔てて香川県、北は中国山地を挟んで鳥取県と接し、東西だけでなく、四国と山陰地方をつなぐ南北方向でも抜群の交通アクセスを誇っている。

岡山県の面積は約7,114 平方キロメートル(全国の都道府県中17位)、人口は約188 万人(同20位、「令和２年国勢調査」)、市町村の数は27。キャッチフレーズの「晴れの国岡山」は、降水量１ミリ未満の日が日本一多いことから付けられた。「フルーツ王国」の名にふさわしく、清水白桃やマスカット、ピオーネの栽培は日本一。倉敷美観地区や蒜山(ひるぜん)高原、美作(みまさか)三湯、瀬戸内の島々など多彩な観光スポットも魅力の一つだ。

目　次

Ⅰ 歴　史

Ⅱ 文　化

Ⅲ 観　光

Ⅳ 自　然

Ⅴ 経済・産業・社会

凡　例

1）本書は、岡山商工会議所が実施する「晴れの国おかやま検定」の公式参考書として岡山に関する事項から主要と思われるものを吉備人出版編集部がピックアップして解説したものです。
2）本書は、2021年に刊行した『晴れの国おかやま検定公式参考書2022-2023』の内容を元にして、新規の項目を加筆しています。穴埋め式の問題の解答は問題のすぐ下に、解答を記しています。
3）項目の掲載順は順不同です。文化財の名称については、一般的な呼称を優先し指定名称に従っていないものもあります。
4）執筆にあたっては、岡山県や岡山県内の市町村が発行する報告書、パンフレット、公式ホームページ及び巻末に紹介している文献を参考にしています。
5）諸説のあるものは、一般的と思われるものを採用しています。その他の説や解釈を否定するものではありません。

写真提供・協力（順不同）

（公社）岡山県観光連盟、岡山県観光課、岡山県公聴広報課、（一社）岡山県産業貿易振興協会、岡山県フィルムコミッション協議会、笠岡市教育委員会生涯学習課、真庭市産業政策課、岡山の自然を守る会、岡山淡水魚研究会、高梁市教育委員会、総社市教育委員会、岡山シティミュージアム、岡山県立博物館、岡山県立美術館、倉敷市立美術館、大原美術館、林原美術館、野﨑家塩業歴史館、西日本旅客鉄道（株）、幡山正人、柴田建二、林田　悟、森景昭二、内山峰人

I

歴　史

1. 原始・古代編

古代吉備の国

古代吉備の国とは、大まかに現在の岡山県全域と広島県東部の備後地方を併せた地域を指す。吉備は大和や出雲などと並ぶ勢力を持ち、製鉄や製塩の先進地域でもあった。その中心地と考えられる岡山平野の南部は当時、内海〔吉備の穴海〕であり、周辺に多数の前方後円墳が築かれた他、多くの古墳や遺跡が点在する。

やがて吉備の国は、備前、備中、備後の三国に分割されるなど勢力をそがれ、中央政権への影響力を失ってしまう。さらに713年には備前国から美作国を分立した。

８世紀には吉備地方から２人の重要な政治家が出ている。一人は遣唐使として中国に学んだ吉備真備（参照17頁）、もう一人は僧・道鏡の皇位簒奪（さんだつ）（奪い取ること）を阻んだ和気清麻呂（参照17頁）である。地方の豪族が中央政界で重用されることが珍しい時代に、２人は歴史に残る活躍を見せた。

縄文時代から近世にかけての遺跡群

百間川遺跡群（ひゃっけんがわいせきぐん） ■岡山市中区原尾島・沢田・兼基・今谷・米田

百間川周辺で発見された縄文時代から近世にかけての遺跡群。弥生時代を中心とした遺跡群として知られ、遺跡は４つの微高地（びこうち）（旭川の土砂の堆積作用による自然堤防状の高まり）と、その周辺低地の水田部分からなる。1977（昭和52）年以来、弥生時代後期末（３世紀ごろ）に洪水によって突然埋もれた当時の村々や水田の調査が行われている。

弥生中期の集落遺跡

沼遺跡（ぬまいせき）（県指定史跡） ■津山市沼

弥生時代中期、紀元前２世紀～紀元後１世紀ごろの集落遺跡。1952 ～ 58（昭和27 ～ 33）年の全面発掘調査で５つの竪穴（たてあな）住居と１つの作業所、２～３の高床（たかゆか）倉庫からなる集落の存在が明らかとなり、この集落全体が生活、生産の単位をなす集団であることが判明した。現在は遺跡公園として復元家屋も整備され、遺跡のすぐ脇には津山弥生の里文化財センターがある。

弥生後期の大墳丘墓

楯築遺跡〔楯築弥生墳丘墓〕(国指定史跡) ■倉敷市矢部

弥生時代後期、２～３世紀代の大墳丘墓。墳丘墓とは弥生時代の墓で、盛土、列石、溝などによって墳墓域が区画されるが、古墳とは埋葬施設やその特徴、副葬品や土器類などが異なるため、区別される。弥生墳丘墓のうち最大かつ代表的なものが、この楯築弥生墳丘墓である。

墳丘は中央の円丘とそこから伸びる南西・北東の突出部からなり、全長約80メートル。円丘上には築造時から２～４メートルの立石が５個ある。また楯築神社のご神体として帯を巻きつけたような文様をもつ弧帯文石（旋帯文石、国指定重要文化財）が祀られている。1979（昭和54）年の発掘調査で、埴輪の祖形となる特殊器台・特殊壺が出土、また巨大な埋葬施設からは、32キログラムを超える大量の朱、そして打ち砕かれた弧帯文石などが発見された。前方後円墳成立直前の吉備最大の墳丘墓として知られる。現在は史跡公園として整備・公開されている。また遺物は岡山大学で保管されている。

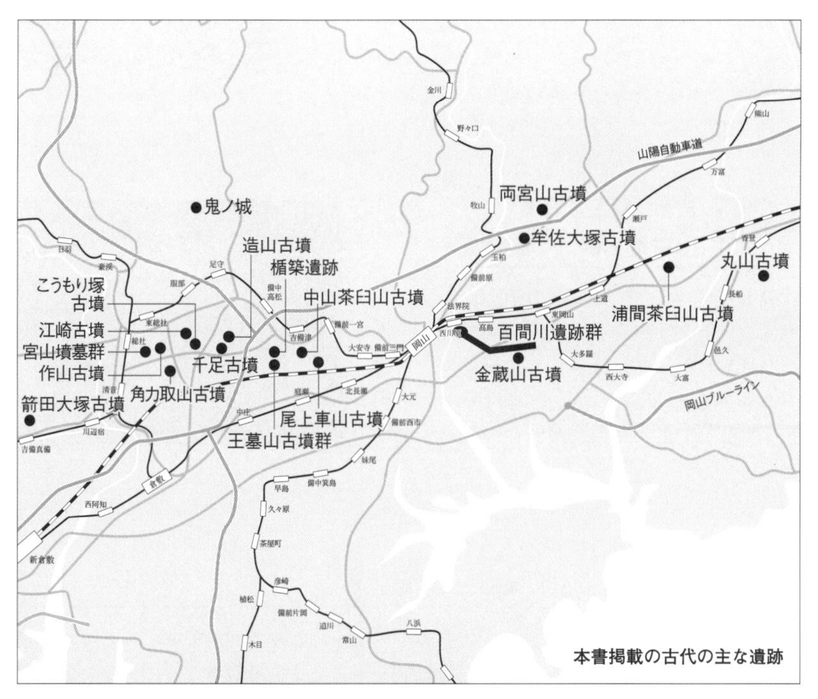

本書掲載の古代の主な遺跡

埴輪の起源解明につながる発見も
宮山(みややま)墳墓群(県指定史跡)　■総社市三輪

弥生時代後期から古墳時代初期、2世紀～4世紀前半の墳墓群。1963（昭和38）年の発掘調査で、墳長約38メートルの前方後円墳状の墳丘などとともに、現在国指定重要文化財となっている特殊器台(とくしゅきだい)（高さ95センチ、直径45センチ、岡山県立博物館蔵）が出土。この特殊器台の発見は埴輪(はにわ)の起源を知る端緒となった。

箸中山古墳の2分の1相似形
浦間茶臼山(うらまちゃうすやま)古墳(国指定史跡)　■岡山市東区浦間・浅川

墳長約138メートルの最古式前方後円墳で3世紀後半～4世紀前半ごろのものとされる。1988（昭和63）年に発掘調査が行われた。前方部が撥(ばち)形に開き、前方部に比べ後円部の高いことが特徴。弥生時代の特殊器台の発展した形である特殊器台形埴輪・特殊壺形埴輪などを出土。最古の前方後円墳とされる奈良県・箸中山(はしなかやま)（箸墓(はしはか)）古墳の2分の1のサイズ（相似形）であることが指摘されている。

大吉備津彦命の墓とされる
中山茶臼山(なかやまちゃうすやま)古墳　■岡山市北区吉備津

備前と備中の境、「吉備の中山」山頂に立地する墳長約105メートルの前方後円墳。古墳時代前期、3世紀後半～4世紀前半ごろのものとみられている。特殊器台形埴輪が出土。宮内庁により大吉備津彦命(おおきびつひこのみこと)の墓とされている。

古墳時代前期の前方後円墳
尾上(おのうえ)車山古墳(国指定史跡)　■岡山市北区尾上

別名ギリギリ山古墳。吉備の中山中腹の尾根上にある墳長約138メートルの前方後円墳。この古墳が築造された古墳時代前期、およそ4世紀前半ごろにはこの真下までが海であったとされ、現在は岡山市街地を見下ろす位置となっている。

備前地域最大の円墳

丸山古墳（国指定史跡） ■備前市畠田

南北約68メートル、東西約55メートルの、備前地域最大の円墳。古墳時代前期、4世紀後半ごろ。1936（昭和11）年に竪穴式石室の存在が知られ、中からは装飾の豊かな石棺や、約30面の国産銅鏡などが出土。

多くの副葬品が出土

金蔵山古墳 ■岡山市中区沢田

墳長約158メートル、古墳時代前期、4世紀後半ごろの前方後円墳。1953（昭和28）年の発掘調査では、後円部中央とその南に竪穴式石室が、また中央石室の東には副室が発見され、そこには鉄製工具などを中心とした多くの副葬品が納められていた。この古墳の出土品は現在、倉敷考古館（参照149頁）に収蔵・展示されている。

Close UP 製鉄遺跡

「真金吹く　吉備の中山　帯にせる細谷川の　音のさやけさ」（『古今和歌集』巻20　よみ人知らず）

古代から吉備の地域は、その枕詞を「まがね（＝鉄）吹く」とされたように、山間では鉄が生産された。吉備の製鉄遺跡は全国的にも最古の時期に位置づけられている。これまでに発見された原始～古代の製鉄遺跡は約70遺跡、製鉄炉も約130例を数える。これまでに発掘調査が行われた県内最古の製鉄遺跡は、総社市にある6世紀中の千引カナクロ谷製鉄遺跡である。このほか6世紀後半～7世紀の同市・西団地内遺跡群、津山市・大蔵池南製鉄遺跡（県指定史跡）、同市・緑山遺跡などが知られている。

千引カナクロ谷製鉄遺跡

■岡山の三大古墳

岡山県内で確認されている約170基の前方後円墳のうち、造山(つくりやま)古墳、作山(つくりやま)古墳、両宮山(りょうぐんざん)古墳の３基はスケールの点で傑出し、三大古墳と呼ばれる。いずれも古墳時代中期の５世紀代に属し、吉備地方に君臨した強力な首長の存在を想像させる。

県下最大の前方後円墳
造山(つくりやま)古墳（国指定史跡） ■岡山市北区新庄下

墳長が350メートルあり、岡山で最大、全国でも４番目に大きい前方後円墳。５世紀前半のもので、畿内(きない)地方と比肩する吉備の勢力を示したものとも、倭(わ)の大王墓ともされる。墳丘端部や埋葬施設などの詳細は不明。前方部の頂上にある神社脇には、熊本県阿蘇山の凝灰岩(ぎょうかいがん)製の巨大な刳抜式長持形(くりぬきしきながもちがた)石棺（長さ2.36メートル、幅1.09メートル、深さ75センチ）が置かれている。これは造山古墳か、あるいは近くの新庄車塚(しんじょうくるまづか)古墳から出土したものといわれている。周辺には陪塚とみられる６基の古墳がある。近くに、古墳時代や古墳についての解説パネルを展示している岡山市造山古墳ビジターセンターが2020年にオープンした。

吉備最古の横穴式石室
千足(せんぞく)古墳（国指定史跡） ■岡山市北区新庄下

造山古墳の周辺にある６基の古墳の一つで、第５号墳。墳長約81メートル、５世紀前半ごろの帆立貝形(ほたてがい)前方後円墳で、吉備最古の横穴式石室を有する。石室内にはついたてのように場所を区画するための「石障(せきしょう)」と呼ばれる直弧文(ちょっこもん)（幾何学(きかがく)的模様）を描いた石がある。2023年に墳丘復元整備が完了し、公開されている。

岡山で２番目の前方後円墳
作山(つくりやま)古墳（国指定史跡） ■総社市三須

岡山で２番目に大きい墳長約282メートルの前方後円墳。全国10位の大きさ。古墳時代中期、５世紀中ごろの築造とされ、造山古墳の次に造られた大古墳とみられる。造山古墳の西約２キロに位置する。後円部外方には幅約20メートルの墳丘外の平坦部がある。未発掘のため埋葬施設などの詳細は不明。

県内最大級の方墳
角力取山古墳 ■総社市岡谷

古墳時代中期、５世紀代ごろの方墳。作山古墳の南約500メートルに位置する。東西約36メートル、南北約38メートルあり、方墳としては県内最大級。墳頂は平らで、巨大なクロマツの木（県指定天然記念物）（参照181頁）が立つ。

大仙古墳の相似形
両宮山古墳（国指定史跡） ■赤磐市穂崎・和田

墳丘全長206メートルの前方後円墳。岡山で３番目に大きく、三大古墳の中では最も年代が新しい。５世紀後半に属し、周濠（外堀）をもつ。大阪府にある全国で最大の前方後円墳（大仙古墳＝仁徳陵古墳）の５分の２の相似形と指摘される。古墳のすぐ北には両宮山古墳との関連があるとされる和田茶臼山古墳（墳長55メートル・国指定史跡）、南側には森山古墳（墳長82メートル）、その東に廻山古墳（墳長47メートル）があり、いずれも両宮山古墳と同時期ないしは直後の前方後円墳であると考えられている。

Close UP 吉備の反乱伝承

『日本書紀』には、吉備についての多くの記述が見られるが、その中でも大和に対する吉備一族の反乱伝承は注目される。雄略７年８月条の下道臣前津屋、また是歳条の上道臣田狭・弟君、清寧即位前紀の稚媛・星川皇子に関する３話がある。いずれも吉備は敗れてやがて大和政権下に取り込まれていくことになる。このうち、稚媛・星川皇子の物語はオペラ「ワカヒメ」（脚本・なかにし礼、作曲・三木稔）として岡山シンフォニーホール開館記念作品として制作・上演されている。また赤磐市の両宮山古墳はこの稚媛の反乱伝承と同時期のものと推定される。

安倉清博（就実大学非常勤講師）

■岡山の三大石室古墳（巨石墳）

岡山県下にある横穴式石室墳のうち、こうもり塚古墳、箭田大塚古墳、牟佐大塚古墳の３基は、特に大きな石室構造を持っている。いずれも古墳時代後期の６世紀後半～７世紀前半に築造されたと考えられている。

巨大石室をもつ前方後円墳

こうもり塚古墳（国指定史跡）　■総社市上林

備中国分寺の東約200メートルにある、墳長約96メートルの前方後円墳。後円部には巨大な横穴式石室がある。墳丘は２段築成とみられ、前方部が著しく長いことを特徴とする。石室は全長19.9メートル、玄室長8.1メートル、幅3.6メートル、高3.6メートルの大きさを誇る。また発掘調査では装飾に富んだ陶棺（陶器製の棺。岡山県の美作地方に多く見られる）の破片も出土している。なお、こうもり塚古墳は別名を黒媛塚古墳とも呼ばれている。「黒媛塚」とは、『古事記』にある仁徳天皇と吉備黒日売の恋愛物語から本墳が黒日売の墓と比定されていたことに由来する。

全長19メートルの石室

箭田大塚古墳（国指定史跡）　■倉敷市真備町箭田

直径約50メートルの円墳。横穴式石室の大きさは全長19.1メートル、玄室長8.4メートル、幅約３メートル、高3.8メートルで、県内ではこうもり塚古墳に次ぐ規模である。内部には３基の組み合わせ式石棺がある。1901（明治34）年に発掘調査が行われ、刀の装具類、馬具、玉類等の装身具など、おびただしい数量の遺物が知られている。

石室内部に家形石棺

牟佐大塚古墳（国指定史跡）　■岡山市北区牟佐

円墳とみられ、現在は直径約30メートルが残る。横穴式石室の規模は全長18メートル、玄室長６メートル、幅2.8メートル、高3.2メートル（未発掘での現状）である。内部には浪形石（貝殻石灰岩）製の家形石棺があり、これは刳抜式の家形石棺では岡山で最大のものとされる。

Close UP 吉備の石棺

こうもり塚古墳の石室内部には浪形石（貝殻石灰岩）の家形石棺がある。この浪形石製の石棺は王墓山古墳、江崎古墳、牟佐大塚古墳、金子石塔塚古墳を含めて５例しか確認されておらず、使用者が限定された古墳時代後期の「吉備の石棺」として知られる。

蒜山盆地に並ぶ円墳群

四つ塚古墳群（国指定史跡）　■真庭市蒜山上長田

蒜山盆地のなだらかな地形の中にある、大小19基（うち現存16基）の円墳群からなる。古墳時代後期、6世紀代のもの。1号墳は直径約27メートルの円墳で横穴式石室があり、内部はベンガラのようなもので赤く塗られている。また1952（昭和27）年に発掘調査された13号墳は直径約20メートルの円墳で、鶏形や家形などの形象埴輪や馬具などが出土、古墳群に隣接する蒜山郷土博物館（参照62頁）に収蔵・展示されている。

大量の副葬品が出土

王墓山古墳（県指定史跡）　■倉敷市庄新町

王墓山丘陵にあり、別名を赤井西古墳群1号墳という。古墳時代後期、6世紀後半ごろ。明治末年に掘られ、大量の副葬品が出土した。墳形・規模とも不明。現在は墳丘近くにこの古墳から掘り出されたという浪形石（貝殻石灰岩）製の組み合わせ家形石棺があり、副葬品は東京国立博物館に所蔵されている。

備中最後の前方後円墳

江崎古墳（県指定史跡）　■総社市上林

備中国分寺の北の丘陵に位置し、墳長約45メートル、古墳時代後期、6世紀後半に造られた、備中では最後の前方後円墳とされる。大きな横穴式石室を持ち、規模は全長13.8メートル、玄室長6.6メートル、幅2.6メートル、高2.9メートル。中には浪形石（貝殻石灰岩）の巨大な家形石棺がある。

平城京へも運ばれた須恵器の産地

寒風古窯跡群（国指定史跡） ■瀬戸内市牛窓町長浜

古代の須恵器産地。約130基の須恵器窯跡からなる邑久古窯跡群に属し、平城京などにも運ばれていたことが知られている。このうち寒風古窯跡群は5基からなり、1978（昭和53）年の確認調査では7世紀初頭～8世紀初めに操業したものとみられている。

遺跡群のすぐ脇には寒風陶芸会館があり、寒風古窯跡群出土の須恵器の展示や、作陶教室も行われている。

発掘が進む古代山城跡

鬼ノ城跡（国指定史跡） ■総社市黒尾奥坂 →参照15頁

標高約400メートルの鬼城山に築かれた古代山城跡。日本100名城（2006年日本城郭協会）にも選定されており、2004年には西門が復元された。発掘調査の成果については、総社市埋蔵文化財学習の館（総社市南溝手）（参照67頁）で見学することができる。

謎に包まれた古代山城

大廻小廻山城跡（国指定史跡） ■岡山市東区草ヶ部、瀬戸町観音寺・笹岡

鬼ノ城を上回る規模の古代山城。鬼ノ城からほぼ真東に23キロ、小廻山と大廻山に築かれた城塁は長さ3.2キロ、城壁内の面積は約39ヘクタールある。こちらも古代史書には記載がなく、神籠石系山城に分類されている。

聖武天皇の命令により各国で造営

国分寺・国分尼寺跡

聖武天皇による造営発願で、備前・備中・美作各国にもそれぞれ造られた。

備前国分寺（国指定史跡）は赤磐市馬屋にあり、発掘調査で主要な伽藍配置や規模が確認されている。国分尼寺は国分寺の南約300メートル付近とされるが、未発掘のため不明である。備中国分寺（国指定史跡）は吉備路風土記の丘のメインともなっている総社市上林の日照山国分寺一帯で、国分尼寺（国指定史跡）はその東約600メートルの丘陵上に位置し、現在も地表に礎石や基壇が残る。美作国分寺（国指定史跡）は津山市国分寺の龍寿山国分寺付近で、発掘調査によって規模や伽藍配置が確認されている。国分尼寺は国分寺の西約450メートルの丘陵上だが、建物跡など明確にはわかっていない。

Close UP 謎を秘めた鬼ノ城

復元された西門

吉備の穴海をにらむ幻の山城

鬼ノ城は吉備高原最南端の山塊である鬼城山に築かれた山城だ。山頂部を鉢巻き状に取り囲むように、8合目から9合目にかけて石垣や土盛りで築かれた城壁が2.8キロにわたってめぐらされている。山は急傾斜面だが城壁内は平坦で、城内面積は約30ヘクタールと広く、西日本で発見された古代山城のなかでも屈指の規模。古代の吉備中心部とされる岡山市西部から総社市東部を一望する山上にあり、またその眺望は古代瀬戸内海交通上重要な位置を占めていたと考えられる。立地や城壁の構造からみて、強大な軍事施設としての様相が強いが、その性格については不明な部分も多い。

築城をめぐる謎

663（天智6）年、倭国と百済の連合軍は白村江の戦いで唐と新羅の連合軍に敗れる。史書によれば唐と新羅の侵攻に備えるため、百済からの亡命貴族の指導によって各地に山城が築かれたとあり、それらは一般に朝鮮式山城と呼ばれる。ところがその中には鬼ノ城に関する記述がない。史書に記述のないこうした山城は、一般に神籠石系山城と呼ばれている。そのほか温羅が大和勢力への防御として築いたという説、逆に大和勢力が吉備地方平定の目的で築いたという説などがあり、真相はいまだに謎に包まれたままだ。

発掘調査の成果

外郭線（城の外部を囲むかこい）は、必ず直線的な作りを基本単位として、その接点に「折れ」をもつという特徴がある。平野を見下ろす正面側には、土塁、石塁、水門、城門があるが、背面側は土塁のみで、城門が1カ所確認されているにすぎない。この外郭線上には、城門跡が4カ所、谷部には水門跡が5カ所、角楼跡が1カ所確認されている。また城壁内部は、礎石をもつ建物跡5棟以上、貯水施設としての池や湿地が8カ所で確認されており、これらは籠城をも意識した構造とされる。麓には千引カナクロ谷遺跡（参照9頁）など、鬼ノ城と時期を前後する製鉄遺跡群もあり、関連が指摘される。

Close UP # 温羅伝説

桃太郎のモデルは大吉備津彦命!?

岡山は桃の産地として知られるが、「桃太郎」も岡山が発祥とする説がある。吉備にはこの桃太郎の説話の元になった温羅に関係する伝承が多く残る。

岡山市の吉備津神社は桃太郎のモデルとされる吉備津彦命を主神とし、その墓とされる古墳が吉備津神社のある吉備の中山にある中山茶臼山古墳（参照8頁）。この温羅伝説は、室町時代に成立したと考えられている「鬼城縁起」に始まる。

矢喰宮

鯉喰神社

温羅は百済の王子

伝説では、百済の王子であった温羅（別名・吉備冠者）が飛んできて、鬼ノ城に住み着いて悪事を働く鬼神になった。これに対して朝廷から派遣された吉備津彦命は、吉備の中山に本陣を置き、その西の片岡山に石楯を築いて温羅に備えたといわれ、これが楯築遺跡（参照7頁）に比定される。両者の射た矢が空中でからみあって落ちた場所が「矢喰宮」（岡山市北区高塚）、吉備津彦が2本同時に放った矢の1本が温羅の左目を射し、流れた血でできたのが、鬼ノ城のふもとを流れる血吸川（延長4.8キロ）とされる。温羅が雉となって逃げると、吉備津彦は鷹となって追うが、温羅は鯉に化身し血吸川に潜って逃げ込むと、吉備津彦命は鵜になって温羅を噛んだ。そこが「鯉喰神社」（倉敷市矢部）といわれている。

鳴釜神事の由来

降伏した温羅の首を吉備津彦命ははねてさらした。その場所が現在の岡山市北区首部の地とされる。ところがこの首は何年たっても大声を出してうなり続けたため、吉備津彦命は家来の犬飼武に命じてこの首を犬に食わせた。しかしドクロとなってもほえ続けたため、吉備津彦命は吉備津神社の御釜殿の地下に埋めたが、13年間うなりは止まなかった。ある夜、吉備津彦命の夢に温羅が現れ、「わが妻、阿曽郷の祝の娘阿曽媛をして、命の御釜殿の神饌を炊がしめよ。幸あれば裕に鳴り、禍あれば荒らかに鳴ろう」と告げたという。これが鳴釜神事の由来である。現在も御釜殿では温羅を祀り、この鳴釜の神事が続けられている。この神事は室町時代の文献にも記され、早くから知られていたことがわかる。

吉備団子も古くからの名物

なお、吉備津神社の北随神門の下に「矢置岩」とよばれる岩があり、これは吉備津彦が温羅退治に出かける時に矢を置いたと伝えられる。吉備団子も、江戸時代初期には吉備津神社の名物として知られており、全国各地にある「桃太郎伝説」の中でもこの地が有力である。

安倉清博（就実大学非常勤講師）

2度の遣唐使、中央政権でも活躍
吉備真備 ■695(持統9)年〜775(宝亀6)年

吉備真備は、現在の倉敷市真備町出身。717年唐に渡り、約18年間の留学生活を送った。唐からさまざまな文化・学問・技術を持ち帰り、カタカナを考案したともいわれている。聖武天皇の治下で要職に就くが、藤原仲麻呂（後の恵美押勝）の権勢が強くなると九州に左遷された。751年に遣唐副使として再び唐に渡り、名僧・鑑真を招聘している。押勝の乱の鎮圧に貢献し、後に右大臣に任ぜられて律令の改修にも携わった。生誕地については大和説もある。

平安京造営にも貢献
和気清麻呂 ■733(天平5)年〜799(延暦18)年

和気清麻呂は、現在の和気郡和気町に生まれる。称徳天皇に仕え、恵美押勝の乱の鎮圧で功績を挙げた。769年、宇佐八幡の神託事件で皇位に就こうとする法王・道鏡の野望を妨げたため大隅国（現在の鹿児島県）に流されるが、770年に道鏡の失脚によって中央政界に復帰し、以後数々の要職に就く。特に土木技術において才能を発揮し、桓武天皇に平安遷都を進言してその造営にも携わった。郷里の民のためにも様々な施策を行い、また姉・広虫は孤児救済事業の先駆者として知られる。

奈良時代以前の寺院跡

古代寺院跡

古代寺院跡とは一般に奈良時代以前の平地伽藍（がらん）の寺院跡を指す。未発掘調査地も多く、寺院跡かどうかも含めてその数や建立時期には諸説あるが、『岡山県史』によれば7世紀前半の飛鳥（あすか）期、7世紀後半の白鳳（はくほう）期、そして8世紀代の奈良時代に建立された寺院跡、あるいは瓦の出土する遺跡は県内で54カ所ある。

秦廃寺

飛鳥期の寺院跡としては、秦（はだ）廃寺（秦原廃寺、総社市、県指定史跡）、賞田（しょうだ）廃寺跡（岡山市、国指定史跡）がよく知られる。秦廃寺は県内でも最も古い寺院の一つとされる。賞田廃寺は備前最古の寺院で、発掘調査の結果、東西に塔を配した寺院であったことが判明している。

問題

問1　日本最大の前方後円墳・大仙古墳の５分の２の相似形と指摘される、赤磐市にある県内で３番目に大きい古墳はどれか。

1　金蔵山古墳　2　作山古墳　3　両宮山古墳

問2　石室構造がずばぬけて大きく三大石室古墳といわれる三つの古墳に入らないのはどれか。

1　こうもり塚古墳　2　王墓山古墳　3　牟佐大塚古墳

問3　7世紀ごろに築かれた巨大な城の1つは鬼ノ城、もう1つはどれか。

1　金川城　2　砥石城　3　大廻小廻山城

問4　「温羅伝説」の中で、鯉に化けて川の中に逃げた温羅を吉備津彦命は何になって追いかけたか。

1　大蛇　2　鵜　3　雉

問5　桓武天皇に平安遷都を進言し造営にも関わった、主に戦前に使用された10円紙幣に描かれていた人物は誰か。

1　和気清麻呂　2　吉備真備　3　児島高徳

【問1】3　【問2】2　【問3】3　【問4】2　【問5】1

2. 中世編

【 中世の岡山 】

古代の平安時代や中世以降には鹿田荘や足守荘、新見荘（参照23頁）など、中央勢力の荘園が各地で営まれた。また平安末期には浄土宗の法然（参照79頁）と臨済宗の栄西（参照22頁）という二人の宗教家が岡山から出ている。源平合戦は岡山の海域でも行われ、藤戸合戦（参照20頁）などがあった。

鎌倉時代には備前福岡を始めとする定期市がにぎわった。室町時代に入ると現在の備前市伊部を中心に陶器生産が盛んになり、これは後に備前焼（参照94頁）と呼ばれた。現在の瀬戸内市長船は刀剣の大生産地となり（参照102頁)、明（中国）への輸出品ともなった。また画家の雪舟（参照52頁）が活躍したのもこの時代だ。続く室町後期は戦国時代を迎えて県内各地に小勢力が割拠し、さらには力を蓄えた他国の勢力が進出する。その中で戦国大名へと成長したのが、備前を制した宇喜多直家（参照28頁）である。

平家側で活躍した武将
妹尾兼康 ■?～1183(寿永2)年

妹尾兼康は『平家物語』にも登場する平氏の有力な家人のひとりで、平安時代末期に活躍した武将である。1183（寿永２）年の板倉合戦で木曽義仲軍と奮戦して討ち死にする。岡山市立鯉山小学校の校庭の片隅にある宝篋印塔が、兼康の供養塔と伝えられている。

妹尾兼康供養塔

高梁川東岸の水田を潤す
十二ヵ郷用水 ■総社市井尻野

妹尾兼康は平安末期に高梁川の湛井堰を整備して水路を改修し、現在の十二ヵ郷用水を開いたとされる。この用水は長さ約18キロにおよび、高梁川東岸に広がる広大な水田地帯を潤してきた。兼康は用水の守護神として湛井堰近くの井神社に祀られている。

Close UP 岡山の源平合戦

源平合戦水島古戦場碑

源平水島合戦

1183（寿永2）年5月、北陸の倶利伽羅峠で平氏を破った源（木曾）義仲は、7月に入京を果たした。後白河法皇の命を受け、西海に逃れた平氏を討滅すべく山陽道を西に向かい、10月には備中国万寿荘（倉敷市浜ノ茶屋〜中庄付近）に布陣、讃岐屋島（高松市）にいた平氏の攻略を企てていた。

閏10月1日、備中国水島（倉敷市玉島乙島・柏島）に平氏の小舟1艘が現れると、源氏方は500艘の舟で海へ漕ぎ出した。そこへ海戦を得意とする平氏方が1000艘の舟で押し寄せ、両軍入り乱れて舟上での合戦となった。そのうち、源氏方の主立った大将らが敗死すると、源氏方は我先にと逃げ帰ったという。『平家物語』巻8の記述である。

これに対して、『源平盛衰記』巻33には、勝敗を左右した理由が記されている。それによれば、当日は正午ごろから午後4時ごろにかけて日食が見られたという。『源平盛衰記』には、黒くなっていく太陽や辺りが急に暗くなる様子に源氏方があわてふためいて退却したことが見えている。

あらかじめ京都の陰陽師の作成した暦を所持し、日食の情報を知っていたであろう平氏に対して、信州育ちの木曾勢は知らなかったのだ。小舟を出して合戦の開始を促したのが平氏であったことから、平氏は日食を利用して合戦したと考えられる。

この合戦に勝利した平氏は、播磨国室山（兵庫県）でも源行家軍を破り、摂津国一の谷（神戸市）まで勢力を盛り返した。いわゆる源平合戦において平氏が源氏に勝ったのはわずかこの2回だけである。1185（元暦2）年、平氏は長門壇ノ浦（下関市）で海の藻屑と消えた。平氏にとって水島合戦の勝利は、燃え尽きる直前に輝いたろうそくの火であったかもしれない。

この時の日食は、20世紀の天文学者の計算でも証明されており、水島合戦の行われた所は、金環食が見えた北限界線に近い場所で、欠け始めが午前10時8分、一番欠けたのは午前11時45分、終わりは13時29分であったという。

源平藤戸合戦

水島合戦の敗戦など平氏追討に失敗した木曾義仲は、1184（寿永3）年正月、源頼朝が派遣した源範頼・義経軍に滅ぼされた。後白河法皇から頼朝に平氏追討が命じられ、範頼・義経軍は摂津一の谷（神戸市）で平氏に勝利。平氏は讃岐屋島（高松市）に逃れたため、範頼軍は九州へ向かった。屋島を本拠としていた平氏は、資盛（『吾妻鏡』は行盛とする）を大将に備前児島藤戸（倉敷市藤戸町藤戸・同天城）に布陣した。範頼軍は児島にいた平氏と相対するため、藤戸に向かった。1184（元暦元）年12月のことであった。

現在では陸続きの備前児島は、この当時、本州から離れた文字通り島であった。児島の北端に位置する藤戸は、海峡を挟んで本州と最も近い場所だった。源氏と平氏は肉眼でお互いを確認できた。舟を持たない範頼軍は平氏を攻めあぐねた。

この事態を打開すべく、源氏方の佐々木盛綱は褒美と引き替えに、近在の漁師から騎馬でも渡れる浅瀬の存在を聞き出した。先陣の功名が重視されたこの時代、盛綱はこの事実が他の味方に漏れるのを懸念し、漁師を殺害してしまう。

平氏による進軍の誘いを契機に、盛綱は大将・範頼の制止を振り切り、主従７騎で浅瀬を渡った。馬で渡れることを知った範頼は自軍に進軍の命令を出したので、源氏方の兵たちも次々にこれに続いたという。平氏は舟で沖合へ逃げ、屋島に退いた。この後、源義経が屋島を急襲したため、平氏は長門壇ノ浦（下関市）に逃れてここで滅亡した。

笹無山

乗出岩

浮洲岩のあった跡

藤戸合戦先陣の功によって、後に佐々木盛綱には恩賞として備前国児島の地頭職が与えられた。悲劇の主は殺された漁師である。

藤戸周辺には今もこの合戦にまつわる伝承地が点在している。漁師の母が佐々木を憎んで笹をむしり取り、その後笹が生えなかったと伝えられる笹無山、盛綱が馬で海に乗り出したという乗出岩、盛綱が対岸に到着した場所とされる先陣庵、漁師の死体が流れ着いていたといわれる浮洲岩、盛綱が漁師を供養した藤戸寺や経ケ島など。

この勇ましくも悲しい逸話は、謡曲「藤戸」として後世に語り継がれている。

三宅克広（元岡山県立博物館参事）

一遍上人も訪れた

備前福岡の市 ■瀬戸内市長船町福岡

備前福岡の地は吉井川の水運によって栄え、山陽道周辺に市場が発展、「福岡の市」と呼ばれにぎわった。1278（弘安元）年に一遍が布教に訪れ、その生涯を描いた「一遍上人絵伝」には、福岡の市のにぎわいも活写されている。

東大寺の瓦を焼いた窯跡

万富東大寺瓦窯跡（まんとみとうだいじかわらがまあと）（国指定史跡） ■岡山市東区瀬戸町万富

重源の命で、平氏によって焼失した奈良の東大寺大仏殿を再建するための瓦を焼いた鎌倉時代の初めの窯跡。これまで十数基の窯跡が発見されており、今も窯壁や瓦片が周辺に散在している。

水路開削の困難を伝える

笠神（かさがみ）の文字岩（国指定史跡） ■高梁市備中町平川

成羽（なりわ）川の上流へ舟を通すために行った水路開削工事の竣工を刻んだもの。この難工事によって運送時間と労力が大幅に削減された。文字岩は徳治２年銘（1307年）。実物は水没しており、新成羽川ダムの下流の道路脇にレプリカが設置されている。

Close UP 臨済宗と茶の祖・栄西

栄西〔1141（保延７）～1215（建保３）〕は吉備津神社神官の賀陽（かや）氏の出で、吉備津神社（参照141頁）西の門前町・宮内（みやうち）地区が栄西の生誕地とされる。栄西は11歳ごろ仏門に入り、３年後比叡山に入り天台宗を学ぶ。1168年に入宋して禅宗に触れ、一旦帰国したが禅の学問を深めるため1187年再び宋へ渡って臨済宗を学ぶ。帰国後は禅の布教に努めるが、既存仏教からは排斥された。その後鎌倉幕府の庇護を受け、1200（正治２）年に鎌倉・寿福寺、1202年に京都・建仁寺を開創してわが国における臨済宗の基礎を築く。栄西が「茶の実」を宋から持ち帰りその効用を唱えたことから、宋風の「茶」が日本に広まったといわれ、茶祖としても有名である。著書に『喫茶養生記』がある。

栄西生誕地の碑

Close UP 備中国新見荘と「たまかき」書状

京都の東寺の荘園

岡山県西北部の新見(にいみ)市付近は、中世には京都の真言宗大寺院、東寺（教王護国寺）領の広大な荘園(しょうえん)であった。国宝に指定されている「東寺百合文書(とうじひゃくごうもんじょ)」の中には、新見荘(にいみのしょう)に関する多くの情報が残されている。

「東寺百合文書」によれば、新見荘は荘園領主東寺に対して、年貢として米以外に新見の産物であった鉄・和紙・漆(うるし)・蠟(ろう)などを納めている。この「東寺百合文書」の中に、たまかき書状と呼ばれる1通の女性の手紙が含まれている。室町時代の農村の女性の手紙はたいへん珍しく、差出人として「たまかき」と署名されている。「たまかき」とはいったいどんな女性だったのだろうか。

室町時代には、荘園領主は苛酷(かこく)な支配となりがちな武家による代官の支配をきらって、荘園領主が直務(じきむ)代官を現地に送り、直接荘園の管理を行うことがあった。新見荘でも1462（寛正３）年７月、それまでの武家代官に替え、祐清上人(ゆうせいしょうにん)を代官として派遣することを決めた。京都からはるばる鄙(ひな)びた新見に赴任した祐清の身の回りの世話をしたとされるのがこの「たまかき」であった。彼女は、三職(さんしき)と呼ばれた荘官の一人、惣追捕使(そうついぶし)福本盛吉の姉か妹だったことがわかっている。

形見分けを願う手紙

着任した祐清は年貢催促などのため荘内を頻繁に巡回するなど、精力的に任務を全うしようとしたが、そのため荘民との間に軋轢(あつれき)も生まれた。赴任して１年後の1463（寛正４）年８月25日、荘内を巡視していた祐清がいざこざから荘民に殺害されるという事件が起こった。その葬儀が終わった後に認(したた)められたのが「たまかき書状」である。主な内容は、「私は日ごろから祐清と親しい者なので、形見として白小袖など遺品の一部をもらい受けたい」というものである。祐清の遺品は京都の東寺に返送されるはずであったので、「たまかき」は東寺に宛(あ)て形見分けを手紙で願い出たのだ。

「たまかき書状」は、はたして恋しい男性の遺品をもらうための切々とした愛情を訴えた手紙なのか否か、はたまた彼女と祐清は男女の仲であったのか否か、「たまかき」は若い女性だったのか、この手紙は「たまかき」自筆なのか否か、書状は様々な想像をかき立ててくれるが、現在残された古文書はその詳細について物語ってはくれない。

三宅克広（元岡山県立博物館参事）

備前国守護・山名氏が築城

福岡城跡　■瀬戸内市長船町福岡

鎌倉時代、「福岡の市」で栄えていた備前福岡は、室町時代には守護所となり、たびたび激しい攻防戦の舞台となってきた。現在の吉井川河原にあるゴルフ場内の小高い丘が、備前国守護の山名教之（やまなのりゆき）が築城した福岡城跡の一部だといわれ、戦国時代、浦上（うらがみ）氏や宇喜多（うきた）氏に利用される。『太平記』では足利尊氏（あしかがたかうじ）が大軍を率いて40日あまりもこのあたりに滞在したとされている。

桜の幹に刻まれた忠誠心

後醍醐（ごだいご）天皇と児島高徳（こじまたかのり）

1331（元弘元）年、鎌倉幕府の打倒を計画した後醍醐天皇は、元弘の変を起こすも失敗。隠岐（おき）への配流が決定する。そのとき通ったとされる出雲往来沿いには、数々の後醍醐伝説が伝わっている。

中でもよく知られているのが、児島高徳の逸話だ。南北朝の動乱を記した軍記物『太平記』によれば、高徳は備前国の武士で、隠岐へ流される天皇を奪取しようと決起、山陽道の船坂山で待ち受けたが、予想に反して一行は美作道を通って院庄（いんのしょう）（津山市）の美作守護館へ入ってしまう。院庄まで追いかけた高徳だが望みは果たせず、宿所に潜入して桜の幹に漢詩を刻み、後醍醐天皇への忠誠を表明したといわれている。

美作守護館の旧跡

作楽（さくら）神社（国指定史跡）　■津山市神戸

現在の作楽神社一帯が、後醍醐天皇が宿泊したとされる院庄の美作守護館跡である。現存する土塁（どるい）や井戸跡は鎌倉期のものと判明し、青磁碗や天目茶碗（てんもくぢゃわん）など鎌倉期から室町期までの遺物が多数出土している。

Close UP 岡山の戦国時代の山城

岡山県下には、古代の山城から江戸時代末期の砲台跡まで、約1000カ所におよぶ城跡が点在している。特に戦国時代には、上は大名から下は在地小領主までの武士層が、支配者の地位と領地を守るために居城や支城・出城を構築した。これらが城跡の大多数を占めている。城郭の構築は、攻め難く守り易い要害の地が利用され、立地が山頂の山城、山地と麓の両方におよぶ平山城、全くの平地の平城とに分類されている。

城の分類とその代表例

山　城：備中松山城（高梁市）（参照32,33頁）、高田城（真庭市）
平山城：岡山城（岡山市）（参照33,139,140頁）、津山城（津山市）（参照33,160,161頁）
平　城：庭瀬城（岡山市）、備中高松城（岡山市）（参照32頁）

足利尊氏をめぐる「もしも…」

戦国城郭の大部分は天然の山を活用した山城であった。県内の山城のうち、わが国の歴史的展開に深くかかわり合ったものとして、南北朝争乱期の三石（みついし）城（備前市）と福山（ふくやま）城（総社市）がある。もしも九州へ敗走する足利尊氏の拠点となった三石城を南朝方が制していれば、あるいはもしも上洛する足利尊氏を南朝方が福山城で食い止めていれば、尊氏の捲土重来（けんどじゅうらい）は頓挫（とんざ）していたかもしれない。

主な戦国時代の山城

群雄割拠した在地勢力と他国勢の進出

県下の備前・備中・美作の三国のうち、地元の戦国大名が出現したのは備前国だけで、備中国と美作国は毛利氏など近隣の有力戦国大名の支配下に置かれた。

虎倉城跡

徳倉城跡

(備前国)

戦国の前半期には三石城を居城とした浦上氏と、金川城（岡山市）（参照30頁）を居城とした松田氏の双頭体制であった。後半期には天神山城（和気町）（参照27頁）の浦上宗景が一国を掌握したが、後にその家臣で石山城（岡山市）（参照140頁）を居城にした宇喜多直家（参照28頁）が領地拡大を図り、宗景を天神山に攻め滅ぼして備前の制覇をなし遂げている。直家は各地の支城を整備して、領国の直接統治を図った。

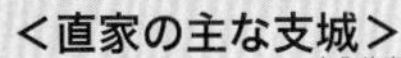
＜直家の主な支城＞

岡山市エリア：富山城、金川城、虎倉城、徳倉城
玉野市エリア：常山城（参照30頁）
津山市エリア：荒神山城（美作国）

(備中国)

在地勢力の三村元親が松山城を本城に、楪城（新見市）、鶴首城（高梁市）、猿掛城（矢掛町）、常山城（備前国）（参照30頁）等を支城にして毛利氏からの自立を図ったが、1575（天正3）年に毛利氏によって一族共に攻め滅ぼされている。

(美作国)

毛利氏が神楽尾城（津山市）や医王山城（津山市）を出城としたほか、有力国人層が各地域に拠点となる山城を構えた。

後藤氏：三星城（美作市）
大河原氏：葛下城（鏡野町）
中村氏：岩屋城（津山市）
江原氏：篠葺城（真庭市）
三浦氏：高田城（真庭市）

出宮徳尚（元岡山市教育委員会文化財専門監）

浦上氏が築いた山城
天神山城跡(県指定史跡)　■和気町田土・岩戸

1532（享禄５）年、備前国の戦国大名・浦上村宗の次男である宗景によって築城された連郭式山城で、山麓には屋敷跡もある。通説では1577（天正５）年に家臣であった宇喜多直家（参照28頁）に攻められて落城（近年、天正３年説が有力との研究発表もされている）。以後廃城となる。

砥石城跡 →参照28頁

乙子城跡 →参照28頁

亀山城(沼城)跡 →参照28頁

宇喜多直家の支城に
龍の口城跡　■岡山市中区祇園

旭川左岸の岡山平野の背後に横たわる龍の口山の山頂にある連郭式山城。築城時期は定かではなく、戦国時代の後半になって、松田氏に従う地侍・穝所元常が城主であった。岡山平野への進出を図る宇喜多直家が、1561（永禄４）年に計略を用いて落城させ、以後は支城とした。

宇喜多直家躍進のきっかけ
明禅寺合戦

明禅寺城（岡山市中区沢田）は宇喜多直家が亀山城の防戦のため1566（永禄９）年に築いた城である。

備中松山城主・三村元親は、永禄９年に父・家親が直家に暗殺されており、その弔い合戦として翌年約２万の兵を率いて明禅寺城を攻めたが、直家は城の地勢を生かした戦法で約5000人の軍勢で元親軍を敗退させた。この合戦は別名「明禅寺崩れ」ともいわれ、この合戦を機に、直家は勢いを増して周辺の城を次々と落とし、亀山城から岡山城へ移り、備前支配に向けて急速に勢力を伸ばしていくこととなる。

Close UP 宇喜多直家の出世城物語

直家の祖父・能家は、戦国大名・浦上村宗の勇将として知られ、現在の瀬戸内市邑久町に砥石城を構えていた。ところが1534（天文3）年、朋輩である島村豊後守の夜襲を受けて自害。落ちのびた直家は、商家に身を寄せて不遇の少年期を過ごしている。1543（天文12）年、浦上宗景に仕えるとすぐに頭角を現し、吉井川の東岸河口近くに乙子城を与えられた。これ以降、直家は出世するたびに城を手に入れ、あるいは居城を替えるたびに勢力を増しながら、領土を広げてゆく。

［直家の居城跡］

砥石城跡

砥石城跡　■瀬戸内市邑久町豊原

直家が生まれた城。直家らが落ちのびた後は、宇喜多一族の傍流で島村の配下にあった浮田大和が居城としていた。直家がこれを再び手に入れるのは落城から25年後のことである。

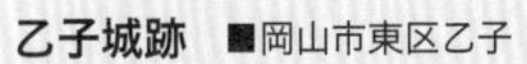

乙子城跡　■岡山市東区乙子

宗景の家来となった翌年、初陣で手柄を立てた直家は、その功によって乙子城主となった。当時は眼下に海を望み、敵領に対する最前線の砦であった。ここから直家の備前国平定が始まる。

乙子城跡

新庄山城（奈良部城）跡　■岡山市東区竹原

宗景の命を受けた直家が、砥石城を治めていた浮田氏を討った恩賞として与えられた城。

亀山城（沼城）跡　■岡山市東区沼

旧上道郡の東部の地侍である中山信正が、戦国時代後半に築城した。宗景の命を

亀山城跡

受けた直家は1559（永禄2）年、舅である信正と砥石城主の仇敵・島村氏を同時に謀殺し、この城を奪い取った。

以後直家はこの城を居城として、周辺に領地獲得の戦いを繰り広げ、備前国西半分を支配する戦国大名へと成長した。

1570年には石山（いしやま）城を手に入れ、その後も主家の宗景を破るなどして勢力を拡大し、備前から美作、播磨の一部にまたがる有力大名となった。直家は生涯を戦いと謀略に明け暮れた、典型的な戦国武将であった。

石山城跡にある石垣
（築城当時の石垣ではない）

石山城跡

宇喜多直家に関係する主な城跡

県下最大級の複合連郭式山城
金川城跡（かながわじょう） ■岡山市北区御津金川

旭川中流の要衝（ようしょう）・金川（かながわ）をにらむ山頂に築かれた、県下最大級の複合連郭式（ふくごうれんかくしき）山城である。鎌倉時代前半に築城されたとの伝承もあるが、1339（延元４・暦応２）年に有力国人の松田元喬（もとたか）が本格的に築城。５代後の元成（もとなり）が1483（文明15）年に守護の赤松氏に反旗を翻（ひるがえ）し、戦国大名となった。以後、松田氏はこの城を居城に備前国西半分を領国としたが、1568（永禄11）年に宇喜多直家（参照28頁）に攻め滅ぼされた。宇喜多氏の支城となった後も、江戸時代初期まで岡山城主の家老の持城となっていた。

毛利氏によって落城
常山城跡（つねやまじょう） ■玉野市宇藤木

児島湾北岸の要衝の地を占める連郭式山城。築城期は定かでないが、戦国時代早々に地侍の上野氏が居城を構えたと推定される。備中の雄・三村氏の最南端の防備線であった。1574（天正２）年からの備中兵乱で毛利（もうり）軍の猛攻を受け、悲惨な戦いの末に落城した。後に岡山城の支城として、江戸時代初期まで存続していた。

姫の壮絶な最期を物語る
女軍の墓（常山城跡）

常山城は、戦国時代の壮絶な戦乱の中でも、女性たちが戦闘に加わって果てたことで知られる。

1575（天正３）年の常山合戦では、城主・上野隆徳や城兵とともに、隆徳の妻鶴姫や侍女らも毛利の大軍に包囲される城内に立てこもっていた。鶴姫は、兄三村元親の敵を討たずに自害するよりはと、甲冑（かっちゅう）に身を包み、太刀を帯して長刀（なぎなた）を手に打ち出した。侍女はこれを止めたが聞き入れず、結局34名の侍女と83人の城兵とともに敵陣に突入し果て、鶴姫は城中にもどり自害したという。

『備前軍記』（1774年成立）では、落城明らかな中で命を散らせた女性たちの最期を淡々と記している。現在、常山城二の丸跡には、女軍をしのび、墓石と墓碑がある。

問題

問1　平氏によって焼き討ちされた寺の再建に備前国・万富の瓦が使われたが、その寺はどこか。

1　東大寺（奈良）　2　唐招提寺（奈良）　3　百済寺（滋賀）

問2　吉備津神社の神官の家に生まれ、宋で臨済宗を学んだのは誰か。

1　栄西　2　法然　3　良寛

問3　源平の戦いで、平氏側が勝利した戦いの1つが岡山県内であった。日食の知識の有無が勝敗を分けたとの説もあるが、それはどこか。

1　藤戸　2　水島　3　邑久の庄

問4　中世の頃、新見庄で亡くなった代官の形見分けを望んだ女性は誰か。

1　ゆうぎり　2　わかひめ　3　たまかき

問5　平安時代末期に活躍した妹尾兼康と関係のないのはどれか。

1　平家物語　2　笹無山　3　井神社

問6　児島湾北岸に築かれ、二の丸跡に、戦闘に加わって果てた女軍の墓がある城はどれか。

1　常山城　2　金川城　3　明禅寺城

問7　宇喜多直家が岡山（石山）城に移るまでの間、居城としたのはどこか。

1　砥石城　2　乙子城　3　亀山城（沼城）

問8　鎌倉時代に「福岡の市」で栄えた備前福岡は、現在のどこにあったか。

1　和気町　2　備前市　3　瀬戸内市

問9　栄西が中国の宋に渡ってあるものを持ち帰り、日本に広めた。あるものとは何か。

1　茶の実　2　蓮の実　3　紫陽花(あじさい)の苗

【問1】1　【問2】1　【問3】2　【問4】3　【問5】2　【問6】1　【問7】3　【問8】3　【問9】1

3．近世編

【 近世の岡山 】

宇喜多直家の跡を継いだ息子・宇喜多秀家（参照33頁）は、豊臣秀吉に重用されて五大老の一人となるが、関ヶ原の戦いに敗れて八丈島に流された。江戸時代の岡山県域では岡山、津山、松山（現在の高梁市）などで城下町が形成され、幕府の代官所が置かれた倉敷でも商業活動が盛んになる。岡山藩は池田光政（参照38頁）・綱政（参照40頁）父子の治世に藩政の基礎が固められ、この二代に仕えた津田永忠（参照40頁）がこれを支えた。松山藩では幕末に山田方谷（参照34頁）が出て藩政改革に成功し、津山藩の藩医・箕作阮甫（参照42頁）は幕府の外交交渉に大きな役割を果たした。またわが国に種痘を普及させた緒方洪庵（参照41頁）は足守藩の出身である。

秀吉の水攻めで落城

備中高松城跡（国指定史跡）　■岡山市北区高松

備中高松城は田園地帯にある戦国時代の典型的な平城。毛利方の清水宗治が城主の頃、天下統一を目指す織田信長から西国制圧の命を受けた羽柴秀吉は、1582（天正10）年、織田勢と毛利勢の勢力圏の境目に位置する備中高松城を攻めた。しかし抗戦が続いたため、『太閤記』で有名な水攻めを決行。12日間で約３キロの堤防を築いたあと、足守川から城内へ水を引き城を孤立させたとされている。同年、本能寺の変がおこったため、秀吉は城主宗治の自刃を条件に毛利方との講和を結ぶ。城跡には宗治の首塚、蛙ヶ鼻には堤防の一部が今も残る。

備中高松城址資料館

日本三大山城の一つ

備中松山城（国指定史跡、天守・二重櫓等＝国指定重要文化財）　■高梁市内山下

高梁川の東岸にある臥牛山の南小松山にあり、天守（天守閣）が現存する山城としては日本でもっとも高所（標高430メートル）にあることから、日本三大山城の一つとされる。1683（天和３）年に松山藩主だった水谷勝宗が築城。天守と二重櫓等は当時のままの姿で現存している。平成９年から本丸の本格的な復元工事が行われ、江戸時代の雄姿がよみがえっている。日本100名城（2006年日本城郭協会）の一つでもある。猫城主「さんじゅーろー」という人気の猫がいる。

Close UP 近世初めの城主たち

岡山城（参照139,140頁）

宇喜多秀家 ■1572（元亀3）年～1655（明暦元）年

1581年に父・直家が死去し、幼くして家督を継ぐ。秀吉の庇護を受け、元服の際にはその一字をもらって秀家と名乗り、秀吉の養女となっていた前田家の豪姫を妻とした。朝鮮出兵でも軍功を挙げて権中納言に昇進し、許されて豊臣秀家を名乗った。岡山城の大改築や旭川の改修を行い、新田開発や産業の育成によって岡山発展の基礎を築く。秀吉の没後、関ヶ原の合戦に西軍に属して敗れ、島津氏を頼って薩摩に逃れる。1606年に八丈島へ流されて約50年を過ごし、そのまま没した。墓は今も八丈島に残っている。

備中松山城（参照32頁）

小堀遠州 ■1579（天正7）年～1647（正保4）年

近江国（現在の滋賀県）に生まれる。本名は小堀政一。父の跡を継いで備中国奉行となり、現在の高梁市にある松山城を再建した。後に近江小室藩の初代藩主となる。作事奉行を務めて名古屋城や桂離宮の造営に携わり、また茶人としては古田織部に師事して将軍家の茶道指南役となり、今に伝わる遠州流を興した。書画や和歌、美術工芸にも才能を発揮し、その好みは「きれいさび」と称される。「遠州」という呼び名は、小堀が遠江守に任ぜられたことに由来する。

津山城（参照160,161頁）

森忠政 ■1570（元亀元）年～1634（寛永11）年

岐阜・美濃国で森可成の六男として生まれる。兄・蘭丸らとともに織田信長に仕えていたが、本能寺の変のとき安土城にいて難を逃れ、後に豊臣秀吉の配下となる。秀吉の没後は徳川家康に重用され、居城を美濃から信濃国海津城に移す。関ヶ原の合戦では東軍について信濃国上田の真田氏を抑え、小早川秀秋の死後、美作国18万6500石を与えられる。1603年美作に入国して鶴山を津山と改め、1616年津山城を完成させる。続いて城下町の整備に着手し、農村支配や社寺の統制を通じて藩政の基礎を確立した。

Close UP

山田方谷（ほうこく）と備中松山藩

山田方谷

備中松山藩の財政危機

備中に５万石を領有していた松山藩だが、財政難に苦しみ、板倉勝静（かつきよ）が藩主を継いだ時、負債は約10万両（現在の金額にして約50億円ともいわれる）に達していた。この逼迫（ひっぱく）した藩財政の建て直しを、勝静は山田方谷に委ねた。こうして始まったのが、後に全国の諸藩が注目した備中松山藩の藩政改革である。

山田方谷の生い立ち

現在の高梁市中井町西方（当時は阿賀（あが）郡西方（にしがた）村）で農商家に生まれた方谷〔1805（文化２）年～1877（明治10）年〕は、幼いころから神童と呼ばれ、隣藩である新見の丸川松隠（しょういん）に朱子学を学ぶ。後に備中松山藩主・板倉勝職（かつつね）から才能を見込まれて京都や江戸に遊学し、陽明学も学んだ。帰国後は藩校である有終館の学頭を務めるが、1849（嘉永２）年に勝職の跡を継いだ板倉勝静によって、元締役兼吟味役（＝藩の財務大臣）という大役を命じられる。

方谷の藩政改革

方谷はまず藩の財務状況を調べ、大胆な政策を次々に講じた。当時の西国諸藩は大坂に蔵屋敷を構え、年貢米を担保にして豪商たちから金を借りていた。方谷は債権者を集めて藩の財政状況を公開し、分割による長期返済を申し入れた。同時に経費のかかる蔵屋敷を廃し、相場を見て米を売る方式に変えた。

藩士には質素倹約を命じ、賄賂や心付けの類を厳しく取り締まったため、藩内からは不平も漏れた。だが方谷は率先してこれを実行し、中級藩士並みだった自らの俸給もさらに減じた。信用を失った藩札を集めて公開処分し、新しい藩札を流通させて信用を回復する手法も用いている。備中鍬（びっちゅうぐわ）や柚餅子（ゆべし）、タバコといった特産品の開発や殖産興業、農地開拓などにも力を入れ、しかも特産物は仲買人を通さず、藩船の快風丸で直接江戸に運んで売ったから利幅も大きかった。

方谷庵（新見市・県指定史跡）

藩政改革の成功

方谷の改革によって、赤字だった藩財政

は8年で逆に大幅な黒字へと転換し、大坂の商人たちへの返済も約束の期限を大幅に短縮している。この藩政改革の成功により、松山藩は5万石ながら実質20万石に相当する経済力、軍備力を備えたともいわれ、諸藩から注目された。

幕末から維新後にかけての動乱期には藩政を預かり、晩年は閑谷学校（＝閑谷精舎）や私塾で後進の指導に専念した。JR伯備(はくび)線の方谷駅は、私塾のあった地元民の請願によって名付けられたもので、当時としては珍しい人名駅であった。

豪商の暮らしぶりがうかがえる

高梁市商家資料館(池上邸) ■高梁市本町

池上家は江戸時代に小間物問屋として始まり、両替商、醤油醸造などで財を築き、高梁一の豪商といわれた。この池上家の住宅の一部が資料館になっている。裕福な暮らしぶりを示す生活用具や調度品と、醤油醸造の工程を展示。玄関の大きな格子戸と広い間口が目を引く。

折井家の屋敷を公開

武家屋敷館 ■高梁市石火矢町

高梁市の山沿いに位置する石火矢町(いしびやちょう)は、松山藩の武家屋敷町。馬回り役を務めた折井家の屋敷が公開されている。書院造の母屋(おもや)や中庭はほぼ昔のままで、武具や生活用品も展示。

一大産業に発展

中国山地のたたら製鉄

たたら製鉄は古代から吉備地方で行われてきたが、近世に入ると中国山地の一大産業に発展した。中国山地には磁鉄鉱(じてっこう)を含む花崗岩が広範に分布している。これを砂鉄として採取するために山を崩し、土砂を川に流す「鉄穴(かんな)流し」が大規模に行われた。高梁川上流域はその中心地として知られ、新見(にいみ)市千屋実(ちやさね)の太田辰五郎(たつごろう)のような大富豪も出ている。

吹屋(ふきや)の銅山とベンガラ →参照156頁

Close UP 高瀬舟と岡山の河川交通

室町時代の後半ごろから登場したとされる高瀬舟は、船底の平らな木造船で河川や浅い海で荷物や人を運ぶために用いられた。長さは12メートル～16メートルが一般的で、下りは米や炭、鉄などの産物、上りは塩や海産物、日用品などが主な荷物だった。岡山の三大河川では上流から２日ほどで下ったが、逆に上りは人力で押したり綱をかけて曳いたりと大変な重労働で、４日ほどかかった。

備中松山藩は江戸時代の前期に玉島新田の開発に伴って開いた用水を整備し、「高瀬通し」と呼ばれる全長約11キロの水路で高梁川と玉島港を直接結ぶ水運を確保した。また岡山藩では1679年に池田光政が津田永忠に命じて総延長約20キロの倉安(くらやす)川を開削させた。これは南部の干拓地に灌漑(かんがい)用水を送る役目を果たすと同時に、吉井川と旭川を高瀬舟で結ぶための運河でもあった。舟が往来しやすいように途中には「高瀬廻(まわ)し」と呼ばれる船だまりも築かれている。

吉井川、旭川、高梁川の流域では、江戸時代から明治・大正期にかけて高瀬舟が物資輸送の主力であった。やがて道路が整備されると貨物自動車の登場で高瀬舟は衰退し始め、さらに鉄道による大量輸送が可能になると河川輸送は歴史的使命を終えた。

[今も残る高瀬舟関連の主な遺跡]

一の口水門　■倉敷市船穂町水江

高梁川西岸に残る「高瀬通し」の入り口。「高瀬通し」は水位の違いを調整するための機能を備えた、わが国最古の閘門(こうもん)式運河ともされているが、現在の水門は大正期に全面改修されたものである。

倉安川吉井水門（県指定史跡） ■岡山市東区吉井

吉井川側の取水口にある閘門式水門。現存する閘門式水門では国内最古といわれる。

常夜灯

吉井川上流の津山市船頭町や下流の岡山市東区乙子付近などをはじめ、県内各地には舟の安全のために設置された石造りの常夜灯が今も残っている。

高瀬舟発着場跡

旭川水運の起点として栄えた勝山に石組みの船着き場跡が残っているほか、岡山市の京橋などにも残る。

吉井川の水を下流の田園へ
田原井堰跡（県指定史跡） ■赤磐市徳富

飢饉を解消するために岡山藩主・池田忠雄は、用水に恵まれず畑作を強いられていた吉井川右岸地帯の灌漑工事を行った。その後、池田綱政（参照40頁）の元禄時代、郡代の津田永忠（参照40頁）が吉井川の流れを斜めに受け止める形で約550メートルにおよぶ井堰を築造した。この取水堰から水を下流の田園へ送るためにつくられたのが、田原用水と益原用水である。

池田光政の仁政を支えた
熊沢蕃山旧宅 ■備前市蕃山

熊沢蕃山〔1619（元和５）年～1691（元禄４）年〕（参照38頁）は京都に生まれ、岡山藩主・池田光政（参照38頁）に仕える。いったん藩を去るが、近江の中江藤樹に陽明学を学んだ後、再び岡山藩に出仕し、治山治水や教育政策に腕をふるって光政の政治を助けた。しかし、家老ら重臣との対立などもあって1657（明暦３）年に寺口村へ隠棲し、正楽寺の隣接地に居を構えた。その際、自らの境遇と重なる新古今の歌に因み、寺口村の名前を蕃山村と変えた。

正楽寺には池田家代々の位牌が安置されていて、江戸時代には池田家の祈願所となっていた。

Close UP 池田光政と熊沢蕃山

池田光政

蕃山と出会い儒学に開眼

岡山藩の池田光政は、水戸藩の徳川光圀と並び称せられ、「名君」の誉れが高い。これは、光政が儒学に開眼し、藩士や領民に学問を奨励するとともに、自らも儒学を修め、その仁政の理念に基づき、熱心に善政に努めたからである。

光政の儒学開眼の契機は、熊沢蕃山との出会いであった。蕃山は一度光政に仕えたが、故あって脱藩して近江国に移り、中江藤樹の門を叩いた。間もなく藤樹の門を辞し、推挙する人があって、1645（正保２）年池田光政に再び仕え、２年後の正保４年、その学識を光政に認められ、知行300石、近習に取り立てられた。

飢人救済の恩に報いた領民

光政・蕃山の名声を高めたのは、1654（承応３）年の大洪水、大飢饉のときの飢人救済活動であった。大飢饉にもかかわらず一人の餓死者も出さなかったため、領民は深く感謝したといわれている。1657（明暦３）年江戸大火で岡山藩の江戸屋敷も類焼したが、領民は先年の御恩に報いるためといって、競って見舞いの金品の献納を申し出た。

その後、領民の撫育、農村の復興、藩士や領民を教育するための藩校、手習所の設立に努めた。反面、迷信を嫌うあまり、祠や社を破壊したり、僧侶の腐敗、堕落を憎んで、寺院を大量に取り潰すなど行き過ぎも多かった。

晩年は政治路線をめぐって仲違い

自分に厳しかった光政は家臣にも厳しかったので、家臣たちは「さわらぬ神にたたりなし」とばかり、みな光政を敬遠した。「君臣水魚」の間柄といわれた蕃山とも、晩年には、仲違いする有様であった。1670（寛文10）年ごろの光政・蕃山の不和・対立は、役人を藩政に参加させようとする光政と、役人が政治に参加すると、たいへん細かく厳しすぎるため、これでは仁政にならないとする蕃山の、政治路線の食い違いで、この食い違いは死ぬまで修正されることはなかった。あまりにもきまじめすぎた「君臣水魚」の結末であった。

柴田　一（就実大学名誉教授）

武士の子弟教育を担った藩学

旧岡山藩藩学跡（国指定史跡） ■岡山市北区蕃山町

1669（寛文9）年、岡山藩主・池田光政（参照38頁）が津田永忠（参照40頁）に命じ、武士の子弟教育のために開設した藩学の跡。広大な敷地には、講堂・中室・食堂のほか、学舎・学房、学校奉行などの官舎も建ち並んでいた。維新後も講堂・校門・正門などが保存されていたが、1945（昭和20）年の空襲で焼失。現在は岡山中央中学校の校庭に泮池（はんち）と石橋などが残っている。

光政・綱政二代に重用される

津田永忠の土木事業

津田永忠〔1640（寛永17）年～1707（宝永4）年〕は岡山藩士・津田貞永の三男として現在の岡山市北区弓之町に生まれた。1653年から主君・池田光政の側に仕えた。洪水対策として百間川（ひゃっけんがわ）を開削（かいさく）するなど、土木事業に才能を発揮する。学校奉行としては閑谷（しずたに）学校（参照153頁）などを建築し、領民教育の基礎を開いた。続く綱政の時代には郡代に起用され、藩財政の建て直しや数々の改革に取り組む。児島湾の干拓や田原井堰の改修、後楽園の造園も手がけている。

Close UP 干拓と新田開発

宇喜多秀家（参照33頁）が1585（天正13）年ごろから行わせた早島付近の宇喜多開墾以来、岡山の三大河川の河口一帯では大規模な干拓が行われた。17世紀には松山藩主・水谷（みずのや）氏や岡山藩主・池田氏らが、干拓による新田開発に力を入れた。松山藩士・大森元直が藩命により、高梁川西岸に玉島新田の全体を完成させたのは1665（寛文5）年のことで、このとき開削した一の口用水は、「高瀬通し」（参照36頁）としても整備される。また岡山藩では津田永忠が1693（元禄6）年に沖新田の1918町歩を完成させている。永忠はこのほかにも倉田新田や幸島（こうじま）新田を開発している。

江戸時代終わりの19世紀には、岡山の興除（こうじょ）新田や倉敷の福田新田、乙島（おとしま）新田などの大規模な開発が行われた。近世の岡山県域は干拓による新田開発件数が全国的にも多く、近代以降に行われた干拓も含めると、岡山平野の耕地の大半は干拓によって生まれたことになる。

Close UP 池田綱政（つなまさ）と津田永忠（ながただ）

津田永忠像

華やかな文化事業と、活発な開発事業で彩られた岡山藩の元禄時代。この栄光の時代の主役が池田綱政とすれば、その脇役が津田永忠であった。

諸芸能に秀でた文化大名

綱政は、和歌や絵画、蹴鞠（けまり）や能、その他いろいろな芸能に秀でた文化大名であった。しかし世間では、学問嫌い、政治嫌いで、昼夜酒食宴遊に耽（ふけ）る愚（おろ）か大名と評判した（『土芥冠讐記』）。永忠は幼年より光政の側近に仕え、光政の信任きわめて厚かった。しかし、光政は永忠を「才は国中に双びなし」と折り紙をつけながら、その反面「使いよう悪（あ）しくば国の災（わざわい）をなすべし」と警戒し、1672（寛文12）年光政隠居と同時に永忠を藩政の中枢から遠ざけ、和気郡の閑谷（しずたに）に移した。

危機に直面して永忠を起用

同年光政の跡を継ぎ藩主となった綱政は、早速大変な試練に直面した。1673（延宝元）年の大洪水と翌年の京都御所の造営の手伝いで出費が増大し、飢人救済の財源は乏しくなって対策が打てず、1675（延宝３）年には多くの餓死者が続出した。綱政は1676（延宝４）年、農村復興と財政再建をめざして藩政改革を行い、そのとき起用した人物のひとりが永忠であった。

隠居の光政が没した1682（天和２）年、綱政は永忠を郡代に起用し、郡方支配の改革に着手した。綱政はこの間、宗門改めの寺請けを復活するとともに、廃寺や廃社の一部を復活し、父光政の行き過ぎを修正した。一方で永忠に命じて、光政の意志を継いで閑谷学校を完成させた。また百間川の堤を築き、岡山城下を旭川の洪水から守るとともに、後楽園（当時は後園）を造営し、また上道郡沖新田を開いた。この新田に近い円山（まるやま）村に曹源寺（そうげんじ）を創建したのも綱政である。

綱政は領民に親しみ、後楽園に能舞台を作り、能に興味のある者には、自ら演ずる能の「御能拝見」を許した。家臣たちにも寛容でよく人心を掴んだ。永忠は、郡代として極めて有能であったが、反面、厳格すぎたところから、永忠没後、綱政は大幅な規制緩和を伴う郡政の見直しを行った。

柴田　一（就実大学名誉教授）

近代医学の発達に貢献
緒方洪庵（おがたこうあん） ■1810（文化7）年～1863（文久3）年

足守藩士の家に生まれる。1826年に大阪（大坂）の蘭方医・中天游（なかてんゆう）に蘭学を学び、さらに江戸の蘭方医・坪井信道（しんどう）の門下となって苦学した。1836年に長崎へ遊学して洪庵と名乗る。２年後に大坂へ帰って開業し、また私塾「適々斎塾（適塾）」を開いて蘭学を教え、福沢諭吉や大村益次郎など優れた人材を数多く育成した。この塾は後の大阪大学医学部へと発展する。また洪庵は医学書の翻訳や種痘の普及にも努めるなど、日本近代医学の発達に大きく貢献した。

広大な塩田を開発
瀬戸内海沿岸の製塩

製塩は古代吉備地方でも盛んだったが、近世には瀬戸内海沿岸に塩田が開かれる。江戸時代の終わりには野崎武左衛門（ぶざえもん）が広大な塩田を開発し、大規模な塩の生産を行って日本でも有数の塩田業者となった。武左衛門の跡を継いだ孫の武吉郎は、塩の業者の組合である「十州同盟」に指導的な役割を果たした。

塩田王と呼ばれる
野崎武左衛門（のざきぶざえもん） ■1789（寛政元）年～1864（元治元）年

現在の倉敷市（児島郡味野（あじの）村）で中農の長男として生まれる。18歳のころ、足袋（たび）の製造・販売を始めて成功。続いて塩田開発の許可を得ると、終生で約160ヘクタールに及ぶ塩田を開発した。1847年には苗字帯刀（みょうじたいとう）を許される。翌年には岡山藩の命を受けて福田新田の干拓事業に取り組み、1852年に約543ヘクタールの工事を完成させた。塩田経営に「当作歩方制（とうさくぶかたせい）」を考案して経営の合理化を図ったことでも知られ、塩田王と呼ばれた。

Close UP 鳥人幸吉(ちょうじんこうきち)

鳥人幸吉〔1757（宝暦７）年～1847（弘化４）年〕は本名を浮田幸吉といい、現在の玉野市八浜町に生まれる。岡山城下で修業して腕のいい表具師となるが、「鳥のように空を飛びたい」という思いを募らせ、研究に没頭。1785年、竹ひごに紙を張った翼で旭川にかかる京橋の上から飛び出し、世界初の滑空に成功した。だが当時は奇行と見なされて所払いとなり、静岡の駿府(すんぷ)に移り住む。ところがここでも飛んで再び所払いとなり、最後は遠江(とおとおみ)（静岡県西部）の見付で余生を送った。

幸吉顕彰碑

広大な邸宅を公開

野﨑家塩業歴史館・旧野﨑家住宅（国指定重要文化財） ■倉敷市児島味野

塩田王として知られる野﨑武左衛門(ぶざえもん)の旧宅。公開にあたって大蔵の内部を改装し、塩づくりに関する歴史的な資料を展示している。広大な敷地には、長さ約26メートルの長屋門から主屋へと続き、庭園には３棟の茶室のほか、奇石・巨石を組み、美しい枯山水の空間が広がっている。

幕末一といわれた洋学者の生家

箕作阮甫(みつくりげんぽ)旧宅（国指定史跡） ■津山市西新町

箕作阮甫は1799（寛政11）年に津山藩医の子として生まれ、京都（京）へ出て医術を学ぶ。1823年より藩主の御供として江戸に上って蘭学を深め、幕末第一の洋学者といわれた。その後幕府の外交交渉に加わり、蕃書調所（後の東京大学）の首席教授に任ぜられた。医学、語学、史学など幅広く翻訳を手がけ、その家系から有名な学者を数多く輩出した。1863（文久３）年没。阮甫が少年期を過ごした生家は、1976（昭和51）年に主屋・土蔵・勝手・便所・廊下・塀が解体復元されており、江戸末期の町屋の風情が残っている。

Close UP 岡山の宗教

中世の岡山は浄土(じょうど)宗を開いた法然(ほうねん)（参照79頁）と臨済(りんざい)宗を開いた栄西(えいさい)（参照22頁）という、２人の宗教家を輩出した。近世初めにはキリシタン弾圧や日蓮(にちれん)宗不受不施(ふじゅふせ)派の弾圧が行われたが、近世後期になると黒住教と金光教という２つの新しい宗教が岡山に誕生する。黒住教は天照大神との一体化を体験した今村宮の神官・黒住宗忠(むねただ)が1814年に立教した。金光教は現在の浅口市の文治郎（金光大神）が金神と氏子の取り次ぎに専念することで生まれた。どちらも多くの信者を得て広まり、奈良の天理教とともに日本三大新宗教とも数えられるようになる。黒住教も金光教も戦前には政府公認の神道十三派の一つであった。

問題

問１　羽柴（豊臣）秀吉が、水攻めによって落城させた備中高松城の城主は誰か。
　１　毛利輝元　　２　清水宗治　　３　三村元親

問２　岡山城天守閣を築いたのは誰か。
　１　宇喜多直家　　２　宇喜多秀家　　３　池田光政

問３　宇喜多秀家が、関ヶ原の合戦で敗れた後、流された島はどれか。
　１　三宅島　　２　伊豆大島　　３　八丈島

問４　備中松山城は天守閣が現存する山城としては何が日本一か。
　１　天守閣が最も古いこと　　２　最も高所にあること
　３　石垣の高さ

問５　岡山藩郡代・津田永忠が行った事業ではないものはどれか。
　１　沖新田の開発　　２　児島湾の開拓　　３　湛井堰の整備

問６　備中松山藩で藩政改革を推進した山田方谷が学頭を務めていた学校はどれか。
　１　有終館　　２　閑谷学校　　３　思誠館

【問1】2　【問2】2　【問3】3　【問4】2　【問5】3　【問6】1

4．近代編

【 近代の岡山 】

明治になると廃藩置県が行われ、備前、備中、美作の旧三国が最終的に岡山県として統合された。児島湾の大規模な干拓が行われ、後に岡山の特産となる桃や温室ぶどうの栽培が始まっている。また紡績などの繊維産業が盛んになる一方、社会問題も発生し、石井十次（いしいじゅうじ）（参照47頁）は孤児救済事業に取り組んだ。大正時代には三井造船の操業が始まり、柵原（やなはら）鉱山の近代化が行われた。昭和の初めに岡山県出身の首相・犬養毅（いぬかいつよし）（参照49頁）が五・一五事件で暗殺され、日本は戦争の時代へと入っていく。そして太平洋戦争の末期、水島や岡山市街は空襲で大きな被害を受けた。

文明開化や女子教育へも影響
キリスト教の伝道

明治６年に禁教令が撤廃されると岡山でもキリスト教の伝道が始まり、文明開化や女子教育に大きな役割を果たした。信者も次第に増え、岡山教会、高梁教会などが設立されている。石井十次も岡山医学校在学中に岡山基督（キリスト）教会で洗礼を受けている。

新島襄の伝道活動が実を結ぶ
高梁基督教会堂（たかはしキリストきょうかいどう）（県指定史跡）　■高梁市柿木町

1880（明治13）年同志社創立者の新島襄（にいじまじょう）がキリスト教への関心が高まっていた高梁を訪れ、４日間にわたる伝道活動を行った。その後伝道活動は成功をおさめ、高梁基督教会が設立され、1889（明治22）年に木造２階建ての教会が建築された。岡山県に現存する中では最古の擬洋風教会建築である。

大阪の豪商が開墾

児島湾の干拓

県の許可を得た大阪の豪商・藤田伝三郎は、1899（明治32）年に児島湾の開墾に着手する。地域住民の激しい反対に遭いながらも、藤田は明治から大正、昭和にかけて広大な干拓地を造成し、戦後になって国営干拓に引き継がれた。

江戸時代以降、児島湾は約1万1000ヘクタールが干拓され、東北の八郎潟、九州の有明海と並ぶ、日本三大干拓地の一つとされている。

東西の流れを一つに

高梁川の大改修

高梁川下流域は近世からたびたび洪水の被害を受けてきたが、1892（明治25）年および翌93（明治26）年の大洪水を契機に、政府による大改修工事が始まる。工事は1907（明治40）年から約20年かけて行われ、東西に分かれていた高梁川の下流部は、一つの流れにまとめられた。広大な廃川跡には畑地が開かれ、河口部には後に水島の市街地が形成された。

岡山県近代化の土台を築く

大原孫三郎（おおはらまごさぶろう） ■1880（明治13）年～1943（昭和18）年

大原孫三郎は、倉敷市（窪屋（くぼや）郡倉敷村）に大地主の次男として生まれる。東京専門学校へ入学するが、遊蕩（ゆうとう）の末に中退して帰郷し、1906年に父親から倉敷紡績の経営を継ぐ。その後は紡績、電気、銀行、新聞、農業などの産業振興に大きな足跡を残し、岡山県の近代化の土台を築く。その一方で数々の社会問題にも取り組み、石井十次（参照47頁）の岡山孤児院を物心両面で支え、倉紡中央病院を開設した。また児島虎次郎（こじまとらじろう）（参照53頁）を渡欧させ、西欧近代絵画の収集にあたらせている。大原美術館（参照150頁）を開館し、民芸運動を支援するなど、今ある文化都市倉敷の骨格もまた孫三郎によって形成されたといえる。

■岡山の地場産業

改良して輸出品にも
花　莚 →参照205頁

藺草の「備中表」は江戸時代から知られていたが、明治の初めに磯崎眠亀が花莚を改良し、これが岡山特産の輸出品となった。

独自の織機で美しい模様を織る
磯崎眠亀 ■1834(天保5)年～1908(明治41)年

倉敷市茶屋町（都宇郡帯江新田村）で、小倉織を扱う商家に生まれる。足軽奉公するが武士の世界を見限って帰郷し、セイロン産の竜鬢莚を目にして、岡山特産の藺草を使った新しい花莚を思い立つ。研究を重ねて1878年に独自の織機を発明し、精密で美しい模様の「錦莞莚」を織る。これが岡山を代表する特産品「花莚」の元祖となり、海外でも高い評価を受けた。眠亀の作業場兼住居は記念館（登録文化財）として保存されており、発明家らしいさまざまな工夫が見られる。

明治初期から栽培が始まる
桃・ぶどうの栽培 →参照205,206,207頁

岡山の桃は1875（明治８）年、中国から導入された２品種の穂木が岡山市北区天瀬の勧業試験場で栽培されたのが始めとされている。一方、岡山のマスカットは、1886（明治19）年に現在の岡山市北区栢谷で温室ぶどうを栽培したのが始まりである。

紡績所が次々操業を開始
繊維産業 →参照203,204頁

明治期の県南部では1881（明治14）年に岡山紡績所、翌年に下村紡績所、1889（明治22）年に倉敷紡績所と、近代的な紡績工場が相次いで操業を開始した。備前児島（現倉敷市）と備中高屋（現井原市）では錦織物業が、また県北一帯では製糸業が盛んだった。

■社会運動・福祉活動の先駆者たち

労働運動に先駆的役割

片山　潜（かたやま せん） ■1859(安政6)年〜1933(昭和8)年

久米南町の農家に次男として生まれる。本名は薮木菅太郎（やぶきすがたろう）。1880年岡山師範学校に入るが飽きたらず、翌年中退して上京、印刷工をしながら苦学する。1884年渡米してエール大学などに学び、1896年に帰国。1901年幸徳秋水らと社会民主党を結成するが禁止となる。その後も日本社会党の結成や東京市電ストライキに指導的役割を果たす。1921年モスクワに入ってコミンテルンの委員などを務め、その遺骨はクレムリンの赤い壁に葬られた。

婦人解放運動を先導

福田英子（ふくだ ひでこ） ■1865(慶応元)年〜1927(昭和2)年

現在の岡山市北区野田屋町で下級武士の家に生まれる。旧姓は景山。母をはじめ周囲の進歩的な人々の影響を受け、女性民権家として活動を始める。1883年岡山で「蒸紅学舎（じょうこうがくしゃ）」という子女教育の場を設けて母とともに参加するが、県令の弾圧を受けて翌年閉鎖した。その直後に家を出て上京し、新栄女学校に通うが、旧自由党左派の大阪事件に加担して下獄（げごく）。恩赦（おんしゃ）で出獄後に同志だった大井憲太郎との間に一子を設けている。社会運動家の福田友作（ともさく）と結婚するが6年で死別、その後も『世界婦人』を創刊するなど、婦人解放運動の先頭に立った。

孤児の救済と教育に生涯を捧げる

石井十次（いしい じゅうじ） ■1865(慶応元)年〜1914(大正3)年

宮崎県出身。岡山医学校在学中に岡山基督（キリスト）教会で洗礼を受ける。転地療養をかねて代診をしていたとき、十次は女遍路（へんろ）から男児を預かった。これがきっかけで孤児を次々に引き受け、岡山市中区門田屋敷の三友寺に孤児教育会（後の岡山孤児院）の看板を掲げた。やがて十次は医学の道を捨て、孤児の救済と教育に生涯を捧げることになる。また将来を見すえて宮崎県の茶臼原（ちゃうすばら）に用地を取得し、孤児たちが自給自足の生活を送りながら教育を受けられる体制を整えた。濃尾地震や東北飢饉（ききん）の孤児たちを受け入れ、1200人以上が収容されていた岡山孤児院は、後に茶臼原に全面移転された。石井の精神は今も現地で児童養護施設「友愛園」に受け継がれている。

日本救世軍として弱者救済活動

山室軍平（やまむろぐんぺい） ■1872（明治5）〜1940（昭和15）年

新見市哲多（てった）町出身。1886年に上京、キリスト教に入信し、1889年に同志社に入学。岡山孤児院の石井十次と会い、自らも苦学しながら協力を続けた。1894年同志社を中退して高梁教会伝道師となるが、救世軍の日本伝道を知って上京、以後日本救世軍の中心として弱者救済活動に取り組み、社会鍋運動も起こした。

■重工業の発展

東洋一の硫化鉄鉱山

柵原鉱山（やなはら）

児島湾の干拓を手がけた藤田組（藤田伝三郎）と同和鉱業の経営によって東洋一の硫化鉄鉱山となった。1923（大正12）年には、鉱石を輸送するための片上鉄道（1991年廃止）も開業した。

昭和の鉱山町の再現コーナーも

柵原ふれあい鉱山公園（鉱山資料館） ■美咲町吉ヶ原

1991（平成３）年に閉山した柵原鉱山の歴史を学べる資料館。鉱山採掘をはじめ、昭和30年ごろの商店や社宅が建ち並ぶ再現コーナーが見どころ。公園内に高瀬舟（参照36頁）やトロッコ、旧片上鉄道の客車、駅舎を保存している。

明治から工場が進出

耐火れんが

県東部の三石（みついし）（現備前市）は耐火煉瓦の原料となるろう石の産地として知られ、三石、日生（ひなせ）、片上（かたかみ）にかけての地域には明治時代から耐火煉瓦工場が相次いで進出した。

造船の町として発展

三井造船

1917（大正６）年に三井物産造船部（後の三井造船玉造船所）が進出したのをきっかけに、現在の玉野市日比および宇野には関連企業が集まり、造船の町として発展した。

■五・一五事件と戦争の時代

自由民権の立場で憲政を擁護
犬養毅（木堂） ■1855（安政2）年～1932（昭和7）年

現在の岡山市に生まれる。号は木堂。新聞記者を経て政治運動に入る。1882年に立憲改進党の結成に参加し、1890年の第一回衆議院選挙に岡山から当選、1898年には大隈内閣の文部大臣となる。その後も自由民権の立場から立憲国民党や革新倶楽部などを組織して憲政を擁護し、通信大臣や政友会総裁を歴任。1931年に第29代総理大臣となるが、そのリベラルな政治姿勢が軍部の反発を招く。翌1932年5月15日、犬養は官邸で青年将校の凶弾に倒れた。いわゆる五・一五事件である。犬養の暗殺によって戦前の政党政治は途絶え、戦時体制が固められていく。

「憲政の神様」の生涯を紹介
犬養木堂記念館 ■岡山市北区川入

「憲政の神様」と称された犬養毅の生涯を紹介している。遺品や自筆の書、写真、手紙が展示されているほか、演説のレコードを採録したテープで肉声を聞くこともできる。隣接する生家は国指定重要文化財、その周囲は県指定史跡。

陸軍大臣や外務大臣を歴任
宇垣一成 ■1868（慶応4）年～1956（昭和31）年

現在の岡山市東区瀬戸町（潟瀬村）生まれ。陸軍士官学校の第一期生として陸軍大学に進み、ドイツ留学を経て陸軍の要職を歴任、陸軍大臣にも就任する。1931年の陸軍によるクーデター未遂事件では黒幕と目された。その後朝鮮総督を経て1937年に組閣の大命を受けるが、陸軍中央部の強硬な反対で組閣辞退に追い込まれた。翌年の近衛内閣では外務大臣として対中国和平を模索するが、工作に失敗して辞職。戦後の1953年、参議院全国区に出馬してトップ当選を果たした。

法務大臣、総理大臣を務める

平沼騏一郎（ひらぬまきいちろう） ■1867(慶応3)年～1952(昭和27)年

現在の津山市生まれ。帝国大（東京大）卒業後、司法省に入って検事総長などを歴任。1923年法務大臣、翌年には貴族院議員となる。国粋（こくすい）主義の政治結社「国本社」を創立、枢密院（すうみついん）議長を経て1939年に第35代内閣総理大臣となるが、対中戦争が泥沼化して国内政治が混迷する中、独ソ不可侵条約が結ばれると「欧州の天地は複雑怪奇」という声明を残して内閣総辞職した。

軍需工場や市街地に空襲

水島空襲・岡山空襲

日本の敗戦が濃厚となった太平洋戦争末期、アメリカ軍は岡山県にもB29による空襲を行った。1945（昭和20）年6月22日、軍用機を生産していた三菱重工業水島航空機製作所が空襲の標的となり、壊滅的な打撃を受けた。さらに同月29日には岡山市がB29の大編隊による空襲を受け、市街地の大半が焼失し、死者は2000人を超えた。

Close UP 岡山ゆかりの総理大臣

戦前の岡山は、憲政を擁護したリベラル派の犬養毅（いぬかいつよし）と国粋主義を掲げた保守派の平沼騏一郎（ひらぬまきいちろう）という、政治観のまったく違う２人の内閣総理大臣を輩出した。そしてもう一人、幻の総理大臣がいた。軍人の宇垣一成だ。宇垣は組閣の大命を受けながら、身内ともいうべき陸軍の反対で組閣を断念している。戦後、岡山から３人目の総理大臣が誕生する。総社市出身の橋本龍太郎（はしもとりゅうたろう）〔1937（昭和12）年～2006年〕だ。橋本は1963（昭和38）年に26歳で衆議院に初当選。自民党の要職および厚生、運輸、大蔵の各大臣を歴任し、1996年に第82代内閣総理大臣となった。

問題

問１　医学の道を捨て、孤児の救済と教育に生涯を捧げた人物は誰か。

　１　片山潜　　２　福田英子　　３　石井十次

問２　五･一五事件で青年将校の凶弾に倒れた犬養毅は何と称されたか。

　１　憲政の神様　　２　自由民権運動の父　　３　平民宰相

問３　岡山県出身の内閣総理大臣はこれまで何人誕生したか。

　１　２人　　２　３人　　３　４人

【問1】3　【問2】1　【問3】2

II

文　化

1. 岡山の美術と美術館

岡山県は中世の雪舟（参照52頁）、近世の浦上玉堂（うらがみぎょくどう）（参照52頁）などに続き、近代以降も洋画の児島虎次郎（参照53頁）、日本画の小野竹喬（ちっきょう）、彫刻の平櫛田中（ひらくしでんちゅう）（参照53頁）らを輩出してきた。これら郷土ゆかりの画家・彫刻家の作品を収蔵展示する美術館もあり、県内の美術館の数は全国第６位（文部科学省「令和３年度社会教育調査報告書」）となっている。中でも大原美術館（参照150頁）は西洋近代絵画の優れたコレクションで知られている。

岡山ゆかりの主な画家・彫刻家など

水墨画の本場でも高い評価
雪舟（せっしゅう） ■1420(応永27)年～1506(永正3)年

現在の総社市赤浜の生まれ。備中宝福寺にいたころ涙でねずみの絵を描いたという話もある。修行に入った京都の相国寺（しょうこくじ）で周文（しゅうぶん）に画法を学び、水墨画家として名声を得た。さらに本場で学ぶため、1467（応仁元）年に遣明船に便乗して中国に渡ると、現地で高く評価された。中国の雄大な自然や風景に接したことは、後の雪舟の画風に大きな影響を与えている。帰国後、雪舟の名声はますます高まるが、戦乱の世を避けるように各地を転々としながら作品を残した。現存する作品のうち６点が国宝に指定されている。没年や終焉（しゅうえん）の地には諸説がある。

宮本武蔵（みやもとむさし） →参照163頁

放浪の文人画家
浦上玉堂（うらがみぎょくどう） ■1745(延享2)年～1820(文政3)年

現在の岡山市北区天神町で鴨方（かもがた）藩士（岡山藩の支藩）の次男に生まれ、父の死去により幼くして家督を継ぐ。しかし1794年に脱藩し、２人の子を連れ、琴と絵筆をたずさえて諸国を放浪した。在世中はその才能が正当に評価されなかったが、後に世界的な建築家のブルーノ・タウトが玉堂をゴッホに比し、独自の道を歩んだ近世日本随一の画家と評している。

近代彫刻界の巨匠
平櫛田中　■1872(明治5)年～1979(昭和54)年

現在の井原市西江原（後月郡西江原村）に生まれ、平櫛家の養子となった。本名は田中倬太郎。高等小学校を出ると大阪で小間物屋に奉公した。木彫を始めると上京して高村光雲に弟子入り。1908年の第1回日本彫刻会展に出品した『活人箭』が岡倉天心に認められ、出世作となった。東京美術学校教授も務め、代表作に六代目菊五郎をモデルにした『鏡獅子』がある。

アトリエも再現
井原市立平櫛田中美術館　■井原市井原町

井原市出身の平櫛田中を顕彰した美術館。『尋牛』『釣隠』『幼児狗張子』『試作鏡獅子』など所蔵作品がある。2023年にリニューアルオープンした。

写実的な画風で独自の世界
鹿子木孟郎　■1874(明治7)年～1941(昭和16)年

岡山市生まれ。1888年天彩学舎に入り、後に上京して小山正太郎の門下となる。再三渡欧してフランスのジャン＝ポール・ローランスに師事、写実的画風でサロンにも入選した。帰国後は京都に居を構え、京都画壇を中心に重鎮として活躍した。

大原美術館の基礎を築く
児島虎次郎　■1881(明治14)年～1929(昭和4)年

現在の高梁市成羽町の旅館「橋本屋」の次男に生まれる。小学校を出ると家業の見習いを始めるが、家族を説得して上京。東京美術学校西洋画科選科に入学する。このころから生涯にわたって大原孫三郎の支援を受け、渡欧してベルギーの美術学校に学んだ。フランスのサロンで入選して翌年帰国、帝展の審査員などを務める。その後、2回渡欧し、孫三郎を説得して西洋近代絵画の収集にあたり、そのコレクションが大原美術館の基礎となった。1927年フランス文化紹介の功績により仏政府から勲章を贈られている。

美人画やデザインなどマルチな才能
竹久夢二（たけひさゆめじ） ■1884(明治17)年～1934(昭和9)年

現在の瀬戸内市邑久町（邑久郡本庄村）で裕福な造り酒屋の次男として生まれる。本名は茂次郎。やがて家業が傾いて一家は北九州に移り、夢二は神戸中学を中退して上京。早稲田実業学校に入って苦学を続けるが、投稿画が懸賞に一等入選したのを機に中退する。以後は独自のタッチを持つ挿絵画家として活躍し、特に浪漫的詩情にあふれる美人画は人気を呼んだ。またデザイン分野でも、本の装丁やポスター、図案などに先駆的な仕事を残し、歌曲『宵待草（よいまちぐさ）』の作詞者としても名高い。

洗練された夢二の世界
夢二郷土美術館 ■岡山市中区浜

竹久夢二の生誕100年を記念して建てられた美術館。『立田姫（たつたひめ）』や『秋のいこい』など、明治末期から昭和初期の代表的な作品100点あまりと、挿絵が掲載された雑誌、写真、遺品などを展示している。

日本画壇の重鎮に
小野竹喬（おのちっきょう） ■1889(明治22)年～1979(昭和54)年

現在の笠岡市（小田郡笠岡村）でラムネ製造業者の四男に生まれる。祖父は南画家、長兄は日本画の小野竹桃（ちくとう）。京都に出て竹内栖鳳（せいほう）に入門し、第一回文展に入選。新設の京都市立絵画専門学校別科を卒業して主に文展で活躍するが、審査基準に不満を抱き、新たに国展（国画創作協会）を創立。渡欧して西洋絵画の影響を受ける一方で、東洋絵画の研究に取り組んで新古典的な方向も打ち出す。日本の自然を独自の色づかいで描き、詩情あふれる風景を見出した。国展を解散して帝展に復帰し、第２次大戦後は日展の常務理事などを務める。

詩情あふれる風景画を堪能
笠岡市立竹喬美術館 ■笠岡市六番町

小野竹喬の作品を中心に約3900点を収蔵。明るい色彩とやわらかく明快なタッチで四季や自然美を描いた竹喬の作品は、代表作の『島二作』や『仲秋の月』『樹間の茜』など約1700点あまりにのぼる。

抽象絵画の先駆的存在
坂田一男 ■1889(明治22)年〜1956(昭和31)年

岡山市北区船頭町生まれ。1921年に渡仏してフェルナン・レジェらに師事、一つの視点ではなくいろいろな角度から物の形をとらえて再構成するキュビズムを学ぶ。帰国後は倉敷市玉島にアトリエを構え、前衛岡山美術協会（A.G.O.）を結成。生前は必ずしも正当に評価されていなかったが、現在は日本の抽象絵画の先駆者として注目されている。

アメリカ美術界で活躍
国吉康雄 ■1889(明治22)年〜1953(昭和28)年

岡山市北区出石町生まれ。1906年、岡山県立工業学校を中退して単身渡米。人夫やボーイをしながら絵画を学び始め、ニューヨークの美術学校入学。やがて新進画家として認められ、２度に渡るヨーロッパ滞在で新しい境地を模索する。ニューヨーク近代美術館が主催した「19人の現代アメリカ画家展」に選ばれて注目を集め、母校の教授も務めた。1941年の日米開戦で「敵性外国人」とされるが、その後も創作を続けて高い評価を受け、美術家組合の初代会長などを歴任。1952年にはベネチア・ビエンナーレ展のアメリカ代表の一人に選ばれたが、翌年ニューヨークで死去。

自由な画境が魅力
池田遙邨 ■1895(明治28)年〜1988(昭和63)年

倉敷市玉島乙島出身、本名は昇一。大阪に出て洋画家・松原三五郎の内弟子となる。第８回文展で『みなとの曇り日』が初入選するが、小野竹喬と出会って日本画に興味を持つ。竹喬の紹介で竹内栖鳳の門下となり、同年の第１回帝展に『南郷の八月』が入選。京都市立絵画専門学校日本画研究科に入学してさらに研鑽を積む。その画風は内省的なテーマから浮世絵の世界、さらにユーモアと装飾性などへと変化し、晩年は種田山頭火の句境に挑んだ。母校の助教授に就任し、日展の審査員や評議員を務める。現在その作品の多くは倉敷市立美術館に寄贈されている。

伝統とモダンの作庭

重森三玲（しげもりみれい） ■1896(明治29)年〜1975(昭和50)年

吉備中央町（旧賀陽町）の資産家に生まれる。本名は重森計夫（かずお）。上京して日本美術学校で日本画を学び、後に京都で草月流創始者・勅使河原蒼風らと生け花の革新を提唱した。作庭は独学で研究し、全国の名庭を実測した『日本庭園史図鑑』全26巻などを刊行。伝統とモダンの融合した枯山水で知られ、代表作に東福寺方丈庭園、松尾大社庭園がある。

岡山の主な美術館

岡山ゆかりの芸術家の作品を収集

岡山県立美術館 ■岡山市北区天神町

中世から現代まで、岡山ゆかりの芸術家の作品を収集・常設展示する。県内で雪舟（参照52頁）の作品が見られる唯一の美術館でもある。宮本武蔵（参照163頁）、浦上玉堂（ぎょくどう）（参照52頁）、平櫛田中（ひらくしでんちゅう）（参照53頁）、国吉康雄（参照55頁）、坂田一男（参照55頁）ら郷土出身者の作品を所蔵するほか、内外の優れた作品を紹介する特別展も年数回開催される。（参照213頁）

古代オリエントの美術を一堂に

岡山市立オリエント美術館 ■岡山市北区天神町

公立としては唯一の、古代オリエントを専門とする美術館。紀元前6000年ごろから19世紀にかけてのイラン、イラク、シリアなどからの出土品約4700点あまりを所蔵し、土器・土製品、石器、青銅器、彫刻、印章・護符、ガラス、陶器などを、学術的に系統立てて展示している。（参照213頁）

林原美術館 →参照139頁

夢二郷土美術館 →参照54頁

大原美術館 →参照150頁

備前市立備前焼ミュージアム →参照94頁

笠岡市立竹喬美術館 →参照54頁

井原市立平櫛田中美術館 →参照53頁

池田遙邨の作品を中心に膨大なコレクション

倉敷市立美術館 ■倉敷市中央

文化勲章を受章した日本画家・池田遙邨（ようそん）（参照55頁）の作品を中心に、郷土ゆかりの作家らの日本画、油絵、水彩画、版画、素描、彫刻、工芸など多彩な作品を所蔵。約9000点におよぶ所蔵品からのコレクション展のほか、独自の企画展や大規模な展覧会などを開催している。（参照213頁）

高梁ゆかりの美術品や歴史を紹介

高梁市歴史美術館 ■高梁市原田北町

美術展示室、歴史展示室、市民ギャラリーの3室がある。美術展示室では清水比庵（ひあん）など高梁ゆかりの芸術家の作品を特別展や企画展で公開。常設の歴史展示室では、備中松山藩主や山田方谷（ほうこく）らにスポットをあて、戦国時代から幕末までの主要な出来事を紹介する。

児島虎次郎の遺作を中心に

高梁市成羽美術館 ■高梁市成羽町下原

成羽町出身で大原美術館の絵画収集に貢献した児島虎次郎（参照53頁）の遺作絵画を中心に展示するほか、特別展などを開催。児島が外遊中に集めた古代エジプトなどの古美術品を陳列したオリエント展示室、成羽町で採集された日本最古の植物化石などを展示する化石展示室もある。建物は安藤忠雄の設計。

富岡鉄斎や平山郁夫の作品を収蔵

新見美術館 ■新見市西方

文人画家・富岡鉄斎の作品や平山郁夫の作品、金重陶陽、河井寛次郎らの焼物などを収蔵する。1階が文化活動発表の場として市民ギャラリーになっているほか、中世新見庄展示室もあり歴史学習の場を提供している。

見事な日本庭園が典雅な空間を演出

華鴒(はなとり)大塚美術館 ■井原市高屋町

広島県神辺町出身の日本画家・金島桂華(かなしまけいか)の作品をメーンに、橋本関雪、児玉希望、小林和作など近現代の日本画・洋画約500点を収集し展示する。ロビーから見える日本庭園「華鴒園」は上田宗箇流第十五代家元の設計によるもの。

福を呼び寄せる招き猫

招き猫美術館 ■岡山市北区金山寺

明治時代のものからオリジナルまで、数百点におよぶさまざまな招き猫を全国から収集して展示。

古代アメリカ大陸の貴重な美術品

BIZEN中南米美術館(旧森下美術館) ■備前市日生町日生

古代アメリカの土器や土偶、石彫、織物など約1600点を所蔵。備前市の実業家・森下精一が商用で南米を訪れた際にその魅力に触れ、収集を始めたものが基となっている。

国内外のマンガが12万冊

吉備川上ふれあい漫画美術館 ■高梁市川上町地頭

漫画による町おこしの一環として1994(平成6)年に開館し、蔵書は約12万冊。2階には漫画原画の展示室がある。

矢掛出身の芸術家の作品を展示

やかげ郷土美術館 ■矢掛町矢掛

地元出身の洋画家・佐藤一章と書家・田中塊堂（かいどう）の作品を中心に展示。

メルヘンあふれるペイネの世界

美作市立作東美術館 ■美作市江見

フランス人画家レイモン・ペイネの作品約150点あまりを所蔵。

作品と建物が一体化

奈義町現代美術館 ■奈義町豊沢

荒川修作＋マドリン・ギンズ、岡崎和郎、宮脇愛子らがこの美術館のために制作した作品を展示。設計は磯崎新。（参照214頁）

問題

問1　雪舟が涙でねずみの絵を描いたという話が残されている寺はどれか。
　1　宝福寺　　2　円通寺　　3　金山寺

問2　彫刻家・平櫛田中の代表作「鏡獅子」のモデルは誰か。
　1　二代目　片岡仁左衛門　　2　五代目　市川團十郎
　3　六代目　尾上菊五郎

問3　平成27年、スミソニアン・アメリカ美術館において回顧展が開催された、現在の岡山市北区出石町出身の画家は誰か。
　1　小野竹喬　　2　児島虎次郎　　3　国吉康雄

問4　次の美術館と主要な所蔵品（芸術家）の組み合わせで誤っているのはどれか。
　1　倉敷市立美術館と池田遙邨
　2　高梁市成羽美術館と児島虎次郎
　3　美作市立作東美術館と宮本武蔵

【問1】1　【問2】3　【問3】3　【問4】3

2. 岡山の博物館・資料館・郷土館

特殊器台

かつて吉備の国が繁栄した岡山県には、古代の製鉄や製塩にかかわる遺跡が点在し、また吉備特有の特殊器台(とくしゅきだい)と呼ばれる祭祀用土器も出土している。学術上貴重な古墳や遺跡が多く、そこからの出土品を展示する博物館、資料館が各地にある。また郷土の歴史やゆかりの人物を紹介する施設も多い。

主な博物館

県内各地の文化を幅広く紹介
岡山県立博物館 ■岡山市北区後楽園

県内各地の遺跡からの出土品や刀剣、民具、仏像、書画などの貴重な文化遺産を幅広く所蔵。国宝の赤韋威鎧(あかがわおどしよろい)をはじめ、宮山遺跡出土の特殊器台などの国指定重要文化財も多い。考古、美術工芸、文書、民俗、刀剣、備前焼をテーマごとに常設展示。

世界の昆虫や植物も紹介
倉敷市立自然史博物館 ■倉敷市中央

瀬戸内海の生い立ちをはじめ、倉敷を中心とした高梁川流域の自然、世界の昆虫や植物を紹介。世界の昆虫の標本が多数ある。1階エントランスホールには、旧石器時代にこのあたりに棲(す)んでいたナウマンゾウ親子の動くレプリカがある。

海ガメやペンギンが人気
玉野市立玉野海洋博物館 ■玉野市渋川

大小34の水槽に約180種、約2000匹の魚や海の生物を飼育展示。特に、マダイ、シマアジ、カンパチなどの大型魚が回遊する水量50トンの大水槽は迫力も満点。海ガメ専用のプールや磯の生物にふれられるタイドプール、アシカ池、ペンギン池もある。

備前長船（おさふね）刀剣博物館 →参照102頁

笠岡市立カブトガニ博物館 →参照188頁

美作の歴史と文化が学べる
津山郷土博物館（登録有形文化財）　■津山市山下

1982（昭和57）年まで市役所として使われていた昭和初期の洋風建築を利用した博物館。美作地方の歴史と文化をテーマに、1500万年前の奇獣パレオパラドキシアの骨格復元模型や、150分の1の津山城復元模型、古墳時代の美作の陶棺などを展示する。

世界の希少動物の標本も
つやま自然のふしぎ館（津山科学教育博物館）　■津山市山下

1963（昭和38）年に開館した自然科学の総合博物館。動物や鳥類の実物剥製が多数展示されていることで知られ、中には世界の希少動物の標本もある。貝類や昆虫類の標本、化石、鉱石類など展示品はバラエティーに富み、人体臓器の実物標本まで集めた異色の博物館。

動植物の化石を展示、発掘体験も
なぎビカリアミュージアム　■奈義町柿

奈義町周辺から出土した約1600万年前の巻貝ヤマトビカリアを中心に、約40種類、300点におよぶ動植物の化石を展示。海抜ゼロの海辺だったころのマングローブの生い茂った様子を再現したジオラマや、地層の断面に露出したままの化石が見られるほか、発掘体験もできる。

蒜山の古代遺産や自然を紹介

蒜山郷土博物館　■真庭市蒜山上長田

国指定史跡の四つ塚古墳群に隣接。同古墳群からの出土品を中心に展示している「蒜山の古代」と、大宮踊、銭太鼓といった郷土芸能や四季の草花をパネルや映像で紹介した「蒜山の自然と文化」という２つのテーマで展示している。

天文台

晴天の多い岡山は天体観測に恵まれた環境にあり、天体観測できる施設も多く、最近では「天文王国おかやま」と呼ばれる。

アジア最大級口径3.8mの望遠鏡を備える

京都大学岡山天文台　■浅口市南山田

東アジア最大の大きさを誇る3.8メートル反射望遠鏡「せいめい望遠鏡」は、2019年から運用を開始。天体の爆発現象や太陽系外の惑星などの研究でも国内外から成果が期待されている。「せいめい」の名前の由来は、平安時代の陰陽師・安倍晴明（あべのせいめい）が近くの安部山で天体観測をしたと伝えられていることから。

188センチ反射望遠鏡を備える

国立天文台ハワイ観測所岡山分室（旧岡山天体物理観測所）　■浅口市鴨方町本庄

かつては国内最大を誇った188センチ反射望遠鏡などを備えた国立の天文台。一般の人はガラス越しの見学ができる。

太陽観測やプラネタリウムも

岡山天文博物館　■浅口市鴨方町本庄

岡山天体物理観測所の敷地内には岡山天文博物館があり、銀河系の仕組みや天体の現象が模型やパネルで説明されているほか、望遠鏡を使った太陽観測やプラネタリウムも楽しめる。

全国初の民間天文台

倉敷天文台　■倉敷市中央

1926年11月に全国初の民間天文台として原澄治が創立。当時としてはわが国で最大級の口径32センチの反射望遠鏡を備え、一般の天文愛好家にも無料で開放された。生涯に12個の彗星と11個の新星を発見し、世界にその名を知られる本田實もここで活躍した。

口径101センチの反射望遠鏡

美星(びせい)天文台　■井原市美星町

口径101センチの反射望遠鏡を備えている。公開されているものとしては中国地方最大級。週末から月曜には夜間公開があり、専門職員の説明を聞きながら恒星や星雲、星団などの観測もできる。

以上のほか県内には、ティエラ天文館（瀬戸内市）、倉敷市真備天体観測施設（たけのこ天文台）（倉敷市）、さつき天文台（美咲町）、コンピュータ制御の400ミリ反射望遠鏡がある竜天天文台（赤磐市）などがある。

郷土館・資料館などの施設

デジタル技術を駆使した展示

岡山シティミュージアム　■岡山市北区駅元町

平成17年8月にオープンしたリットシティビルの南棟4～5階にある。岡山市の歴史や文化をデジタル技術を駆使してわかりやすく紹介するとともに、国宝・国重文級の文化財の公開も可能なスペースになっている。5階には岡山空襲展示室が設けられている。

吉備路ゆかりの作家や文化人の品々

吉備路文学館　■岡山市北区南方

明治以降の吉備路ゆかりの小説家、歌人、詩人、俳人、映画人ら約150人の著書や原稿、愛用品、写真などの資料を収集・展示。現代の作家についても積極的に紹介している。

Close UP 岡山の国宝1（建物編）

岡山県内の建造物で国宝に指定されているものは二つである。一つは「吉備津神社本殿及び拝殿」（参照141頁）で、1390年に将軍・足利義満が再建し、1425年に完成している。半世紀ぶりとなる本殿と拝殿の屋根の葺き替えが、2008年秋に完成した。

吉備津神社

もう一つの国宝は「旧閑谷学校講堂」（参照153頁）である。これは池田光政が設置を命じたものを、1701（元禄14）年池田綱政（参照40頁）により完成された。内部は簡素ながら木部は拭漆仕上げで質素で温かみのある厳かな空間となっている。

旧閑谷学校講堂

県の埋蔵文化財保護の拠点

岡山県古代吉備文化財センター ■岡山市北区西花尻

岡山県内の埋蔵文化財保護の拠点。周囲には、弥生時代最大級の墳墓である楯築（たてつき）遺跡（参照7頁）や造山（つくりやま）古墳（参照10頁）など、貴重な遺跡が数多く残されている。遺跡から出土した土器や石器を展示し、模型や写真パネルなども使って詳細に解説している。

考古資料で岡山市の歴史をたどる

岡山市埋蔵文化財センター ■岡山市中区網浜

旧石器時代から近世までの岡山市の歴史を、市内からの代表的な出土品を中心とする考古資料で年代順にたどる。最近の調査で出土したものや話題の遺跡についても、企画・速報コーナーで積極的に紹介。原始、考古の遺物を実際にさわれるコーナーもある。

科学好きになる学習施設

人と科学の未来館サイピア ■岡山市北区伊島町

プラネタリウムでは、1,000万個の美しい星空や迫力のある映像番組が楽しめる。科学体験・学習広場では、科学教室やサイエンスショーなどが開催され、幅広い世代が科学にふれ、楽しめる場になっている。

全国でも珍しい私設の動物園

池田動物園 ■岡山市北区京山

規模は中堅クラスながら、全国でも珍しい私設の動物園。京山の斜面を利用した約6万平方メートルの園内に、約100種類の動物が飼育されている。中国から贈られたレッサーパンダなどの珍獣も人気。

犬養木堂記念館 →参照49頁

倉敷考古館 →参照149頁

倉敷民藝館 →参照149頁

世界の科学が学べる

倉敷科学センター ■倉敷市福田町古新田

1992（平成４）年にオープンした科学館。電波望遠鏡やアルキメデスのポンプ、ワットの蒸気機関、静電発電機、口径50センチの天体望遠鏡など約100点の科学展示を有している。ドームをスクリーンにした全天周映画やプラネタリウムの宇宙劇場が人気。

発掘現場の再現ジオラマも

倉敷埋蔵文化財センター ■倉敷市福田町古新田

埋蔵文化財の発掘調査、研究、整理、収蔵を行うほか、発掘現場の再現ジオラマや復元した竪穴（たてあな）式住居、土器パズルなどを展示。出土遺物の展示解説、埋蔵文化財の講座、発掘調査現場説明会など啓発普及活動にも力を入れている。

大山康晴の功績を顕彰

倉敷市大山名人記念館 ■倉敷市中央

倉敷市芸文館の西翼にある。郷土出身の棋士・大山康晴（やすはる）の功績を記念し、対局時に着用した袴やトレードマークの眼鏡といった愛用の品々、将棋盤、駒、自筆の書などを展示。

5つの永世位を獲得した棋界の第一人者

大山康晴（おおやまやすはる） ■1923(大正12)年～1992(平成4)年

倉敷市西阿知（にしあち）（浅口郡西阿知町）出身。1935（昭和10）年、同郷の木見金治郎八段（当時）に入門。1952年に木村義雄十四世名人を破って名人位を獲得する。以来棋界の第一人者として君臨し、数々のタイトルを獲得。1976年に現役のまま第十五世名人を襲名したほか、十段、棋聖、王位、王将の永世位も獲得した。生涯成績は1433勝781敗。その功績をたたえ、1993年には女流棋士の公式タイトル戦「大山名人杯　倉敷藤花戦」が創設された。

日本郷土玩具館 →参照149頁

野﨑家塩業歴史館・旧野﨑家住宅 →参照42頁

ふるさとの営みを紹介

真備（まび）ふるさと歴史館 ■倉敷市真備町岡田

収蔵品は、地元で保存されてきた「岡田文庫」と呼ばれる岡田藩の古文書が中心。村人の暮らしや藩の支配状況、産業興しの工夫、災害を防ぐ努力など、先祖の足跡を紹介している。また、戦中・戦後をこの地で過ごした作家・横溝正史（参照114,128頁）のコーナーもあり、著書や遺品、直筆原稿、写真などを展示している。

中国情緒が味わえる公園
まきび記念館　■倉敷市真備町箭田

真備町出身とされる吉備真備（きびのまきび）（参照17頁）にちなんで中国情緒のある公園を整備し、その一角に記念館を開館。吉備真備に関する資料や言い伝えを写真やパネルにして展示している。

牛窓海遊文化館 →参照153頁

藤原啓（けい）記念館 →参照95頁

地元の埋蔵文化財を展示
山陽郷土資料館　■赤磐市下市

古代吉備文化が栄えた旧山陽町一帯には、両宮山（りょうぐうざん）古墳（参照11頁）や備前国分寺跡など多くの埋蔵文化財がある。山陽団地の造成に伴って広大な古墳群の発掘調査も行われており、土器や埴輪（はにわ）、鏡、玉類、環頭大刀（かんとうたち）など縄文時代から奈良時代にかけての出土品を年代順に展示し、解説する。

考古遺物をわかりやすく展示
総社市埋蔵文化財学習の館　■総社市南溝手

小型家形土製品や人面線刻土器など、総社市内で出土した考古遺物を保管。模型なども使ってわかりやすく展示している。

伝統産業の資料を展示
総社市まちかど郷土館（登録有形文化財）　■総社市総社

建物は1910（明治43）年に建てられた旧総社警察署庁舎で、総社市内に現存する唯一の明治洋風建築。２階には備中売薬や阿曽（あぞ）の鋳物（いもの）、い草などの伝統産業に関する資料を展示している。

仁科会館 →参照121頁

全国で唯一のい草の資料館

早島町歴史民俗資料館 ■早島町前潟

畳表は早島町の伝統的地場産業。い草の栽培は現在では激減してしまったが、全国で唯一い草の資料館を設置し、早島ブランドをPRしている。江戸時代からの各種織機をはじめ、畳表の流通に関する古文書、現代のい草製品、古農具などを展示。

江戸から昭和の庶民の暮らしを紹介

高梁市郷土資料館 ■高梁市向町

1904（明治37）年に高梁尋常高等小学校の本館として建てられた洋風建築を利用して民俗資料を展示している。江戸時代から昭和初期にかけての生活用具など約3000点におよぶ展示品のほとんどが市民からの寄付。以前は講堂として使われていた２階の天井は見事な格天井（ごうてんじょう）になっている。

高梁市商家資料館（池上邸） →参照35頁

勝山郷土資料館 →参照162頁

武家屋敷館（旧渡辺邸） →参照162頁

柵原（やなはら）ふれあい鉱山公園（鉱山資料館） →参照48頁

箕作阮甫（みつくりげんぽ）旧宅 →参照42頁

偉大な洋学者の足跡をたどる
津山洋学資料館　■津山市西新町

幕末から明治にかけて、津山市を中心とした美作地方では、日本の近代化に貢献した優秀な洋学者を輩出した。中でも有名な宇田川玄随ら宇田川三代と箕作阮甫（参照42頁）の資料を展示する。主な展示品は『解体新書』やオランダカルタ、当時の医療器具など。

近代医学・科学の発展に貢献
宇田川三代

津山藩の藩医であった宇田川玄随は漢方医から蘭方医に転向、津山に蘭学をもたらし、翻訳などを通して日本に西洋内科学を紹介した先駆者として知られる。その洋学は養子の玄真、榕菴へと受け継がれ、３人は宇田川三代と称される。榕菴はシーボルトとも交流し、「細胞」「温度」「酸化」「還元」など今も使われる用語を多数造語、「珈琲」の当て字をするなどマルチな才能を発揮した。

津山市の埋蔵文化財を研究
津山弥生の里文化財センター　■津山市沼

弥生時代中期の竪穴式住居群跡を史跡公園に整備した「弥生の里」の一角に建つ。津山市内の埋蔵文化財について発掘調査や整理作業、研究が行われているほか、弥生時代と明治以降の米づくりの違いについて模型や写真パネルで説明したコーナーもある。

心和ませるオルゴールとからくり人形
現代玩具博物館・オルゴール夢館　■美作市湯郷

「現代玩具博物館」は1950年代以降に登場したおもちゃ約600点を収集・展示。「オルゴール夢館」では19世紀後半から20世紀初頭にかけて製作されたオルゴールと、それとともに誕生し発展してきた「オートマタ」と呼ばれるからくり人形を展示。オルゴールコンサートも毎日開催している。2010（平成22）年に後山から湯郷温泉街に移転した。

Close UP　岡山の国宝２（武具刀剣編）

県所有の国宝「赤韋威鎧（あかがわおどしよろい）」は、現存する赤韋の大鎧（おおよろい）のうち日本最古のもので、茜で染めた赤い威韋、鎧裏韋の桜草文絵、漆黒の小札（こざね）、厳星兜の総重量が25キロもある艶やかで豪壮な大鎧である。

刀剣王国として全国に名をはせた岡山には、合わせて４口の国宝の刀剣が存在する。

「太刀無銘一文字（号山鳥毛（さんちょうもう））附打刀拵」は、鎌倉中期の福岡一文字派の作品。華やかな刃文の形が特徴的で美しく、鑑刀眼に優れていた上杉謙信・景勝が愛用していた。瀬戸内市が購入し、同市内の備前長船刀剣博物館に所蔵している。

「太刀吉房」は、同じく鎌倉中期の名工・吉房の作である。備前刀の気品はそのままに、武士の気風を反映させた美しさと威厳を兼ね備えた力強い名刀である。

この２口の他に「太刀銘備前国長船住左近将監長光造」と「短刀無銘正宗」が国宝に指定されている。

赤韋威鎧

問題

問１　倉敷市立自然史博物館の１階にある親子の動くレプリカはどれか。

１　ティラノサウルス　　２　マンモス　　３　ナウマンゾウ

問２　3.8メートル反射望遠鏡「せいめい望遠鏡」を備えた天文台はどこか。

１　京都大学岡山天文台　　２　倉敷天文台　　３　美作天文台

問３　旧警察署庁舎だった建物に、売薬など郷土の伝統産業に関する資料を展示しているのは何市の「まちかど郷土館」か。

１　倉敷市　　２　総社市　　３　高梁市

問４　奈義町に「なぎビカリアミュージアム」があるが、ビカリアとはどれか。

１　巻貝　　２　キノコ　　３　熱帯魚

【問1】３　【問2】１　【問3】２　【問4】１

3. 岡山の主な寺社

令和元年の統計では、岡山県内には寺院が1385寺あり、岡山藩主池田家ゆかりの曹源寺や雪舟が修行した宝福寺、裸まつりが行われる西大寺観音院などがよく知られている。神社は1656社を数え、中でも吉備津神社の本殿と拝殿は国宝に指定されている。

吉備津神社 →参照141頁

備前国の一宮
吉備津彦神社（本殿＝県指定重要文化財） ■岡山市北区一宮

備前一宮として知られ、容姿端麗な名山として古歌にも詠まれた吉備の中山の東麓に位置している。祭神は吉備津彦命で吉備国を平定したと伝えられる四道将軍のひとり。本殿は県の重要文化財に指定されており、1697（元禄10）年に岡山藩主・池田綱政によって再建されたものである。

五穀豊穣と災害を鎮める神事
御田植祭（おたうえまつり）（県指定重要無形民俗文化財）

室町時代の「紙本淡彩神事絵巻（しほんたんさいしんじえまき）」（県指定重要文化財）に記録されている作法にのっとって進められる五穀豊穣を祈る祭り。8月2日深夜、風水害を鎮めて豊作と平穏を祈願する御斗代（みとしろ）神事と、3日昼に田歌を歌いながら十数本の御幡（おはた）の行列が神池を一周する御幡献納祭の２つからなる。

最上稲荷 →参照141頁

日本最古級の在銘鳥居

葦守八幡宮（鳥居＝国指定重要文化財）　■岡山市北区下足守

葉田葦守宮という名称で『日本書紀』に登場する宮の推定地で、応神天皇・神功皇后・仲哀天皇が祀られている。参道入り口には安芸の宮島の大鳥居と同じつくりの両部鳥居があり、石鳥居としては珍しい。康安元（1361）年の銘が入っており、在銘の鳥居の中ではわが国最古のものである。

安産の神様として崇敬

玉井宮東照宮（本殿＝県指定重要文化財）　■岡山市中区東山

藩主・池田光政が玉井宮のあった場所へ東照宮を祀ることを命じたため、玉井宮は一段低い場所へ移され、その跡に東照宮が造営された。『池田家履歴略記』によると、東照宮の本殿は正保元年（1644年）に竣工とされている。1881（明治14）年には玉井宮と東照宮は合祀され社名を玉井宮東照宮と変更。1900（明治33）年、西日本屈指と評される大拝殿が造られたが、平成元年の火災により社殿は焼失。その後、再建された。安産の神様として崇敬を集めている。

岡山藩主池田家の菩提寺

曹源寺（境内＝国指定史跡）　■岡山市中区円山

1697（元禄10）年、岡山藩主・池田綱政（参照40頁）が家臣の上坂外記に命じ、1698（元禄11）年に建立させた池田家の菩提寺で、十一面観音を本尊とする禅寺である。1824（文政7）年に再建された仏殿は正面25メートル、側面19メートル、高さ20メートル、重層入母屋造・本瓦葺の県下最大規模の木造建築物である。池泉回遊式の庭園は、絶外和尚が綱政の家臣・津田永忠（参照40頁）と共に造ったと伝えられている。秋には見事な紅葉が境内を彩る。

裸まつりで知られる古刹

西大寺観音院（三重塔＝県指定重要文化財）　■岡山市東区西大寺中

751（天平勝宝３）年、周防国（山口県）に住む藤原皆足姫が小堂を建て千手観音を安置したことに始まるという。777（宝亀８）年、大和の長谷寺で修行中の安隆上人が、「備前金岡庄の観音堂を修築せよ」との観音のお告げを受け観音堂を修築、そのときに犀戴寺と称し、後年に西大寺と改称したと伝えられている。当時は、本堂・常行堂・三重塔・鐘楼・経蔵・仁王門等を構えた地方屈指の大寺であったといわれる。現在の広い境内の中央には、千手観音像を安置する大屋根の本堂がそびえている。本堂の前面には間口約15メートル、奥行約９メートルの大床があり、会陽の宝木の争奪戦はこの上で繰り広げられる。

激しくぶつかりあう勇壮な裸まつり

西大寺の会陽（国指定重要無形民俗文化財）

西大寺観音院で行われる修正会の結願の日の行事。一般に「西大寺の裸まつり」として知られている。２月第３土曜日の夜、本堂の御福窓から２本の宝木が投下され、数千人におよぶ裸の群集が奪い合う。もともとは牛玉札という護符を信者に授けていたが、希望者が多くなったために木製の宝木を投げ込むスタイルに変わった。寛文期（江戸初期）の『金陵山古本縁起』には褌姿の人が描かれている。

不受不施派の本山

妙覚寺　■岡山市北区御津金川

日蓮宗不受不施派の本山である。不受不施派とは法華経の信者以外からの施しを受けず、他宗の者には施しをしないという教義を貫く一派で、江戸時代に禁教として幕府から弾圧されていた。幕末から地元出身の名僧・釈日正が不受不施派の再興運動をおこし、金川に再興した。

源平合戦供養の寺で知られる

藤戸寺（ふじとじ）（石造五重塔婆＝県指定重要文化財） ■倉敷市藤戸町藤戸

行基が天平年間（729年〜748年）に創建した真言宗の古刹（こさつ）。多くの伽藍（がらん）をかかえていたが、戦国の争乱ですべて焼失。1631（寛永８）年に岡山藩主の池田家によって再建された。寺の付近は源平藤戸合戦（参照20頁）の古戦場で、『平家物語』にも登場する。本堂の東側に建つ石造五重塔婆は源平将士供養のために建てられたと伝えられる。

良寛が修行した寺

円通寺（えんつうじ）（境内＝県指定名勝） ■倉敷市玉島柏島

漢詩・和歌・書などに独自の境地を開いた名僧・良寛（りょうかん）が修行した寺として有名である。曹洞宗永平寺派の円通寺は、1698（元禄11）年に地元の人々の願いにより加賀大乗寺の住職であった徳翁良高（とくおうりょうこう）が再興したもの。寺域一帯は県の名勝に指定されている公園で、平田郷陽（参照97頁）原作の「童と良寛」像がある。

子どもや民衆に愛された禅僧

良寛（りょうかん） ■1758（宝暦8）年〜1831（天保2）年

新潟長岡藩の出雲崎（いずもざき）で、一帯を仕切る名主の長男として生まれる。1779年、行脚（あんぎゃ）のため同地を訪れた円通寺の国仙（こくせん）和尚を師と定め、備中玉島へ同行する。円通寺で12年間の厳しい修行を積んだ後、諸国を放浪して故郷の出雲崎へ帰る。良寛は山寺や庵で托鉢（たくはつ）をしながら書、漢詩、和歌に打ちこんだ。村人や子どもたちにも慕われ、その名は長岡藩主の耳にまで届いたという。晩年は山を下りて三島郡島崎村に移り、弟子の貞心尼に看取られて大往生を遂げる。

紀伊の熊野本宮から分霊

熊野神社（本殿〈第二殿〉＝国指定重要文化財、その他の本殿＝県指定重要文化財、境内＝県指定史跡）

五流尊瀧院（宝塔＝国指定重要文化財、三重塔＝県指定重要文化財、境内＝県指定史跡）　■倉敷市林

紀伊の熊野本宮から分霊して創建したと伝えられている。かつては熊野神社と五流尊瀧院（修験道）を合わせて新熊野権現として信仰されていたが、明治の神仏分離令によって分離された。

熊野神社には6棟の社殿が横一列に並ぶ本殿があり、中央の第二殿は1492（明応元）年に再建されたもので国指定重要文化財。その他の社殿は江戸時代に岡山藩主・池田光政が再建したと伝えられる。

五流尊瀧院は明治の神仏分離令に続き修験道が禁じられたため一時衰退したが、第2次大戦後に修験道の本庁となった。

平安時代の仏像を安置

安養寺（木造毘沙門天立像・吉祥天立像＝国指定重要文化財）　■倉敷市浅原

福山合戦で有名な福山の南中腹にある古刹。寺の裏山の安養寺裏山経塚群（県指定史跡）から国指定重要文化財の法華経や如意輪観音像などが刻まれた瓦が出土、その記述から平安後期には安養寺が存在していたことがわかる。40体の毘沙門天像が安置されている成願堂のなかには、平安後期に作られたヒノキ一木造の木造毘沙門天立像・吉祥天立像があり、国の重要文化財に指定されている。

金刀比羅宮との両参りでにぎわう

由加神社（本殿＝県指定重要文化財）

蓮台寺（客殿・多宝塔＝県指定重要文化財）　■倉敷市児島由加

神仏混淆の瑜加大権現として知られ、江戸時代には讃岐の金刀比羅宮との両参りをする人々でにぎわった。明治の神仏分離令により、由加神社と蓮台寺（真言宗）に分離。由加神社の境内には、日本一の備前焼大鳥居がある。また、蓮台寺の多宝塔は県下でも最大規模のもの。1843（天保14）年から16年の歳月をかけて再建された。

室町後期の神社建築

吉川八幡宮（本殿＝国指定重要文化財、拝殿・随神門＝県指定重要文化財）

■吉備中央町吉川

平安時代の1096（永長元）年に京都の石清水八幡宮の別宮として創建。本殿は国指定重要文化財で、単層・入母屋造・栩葺。平成7年から解体復元修理が行われ、縦一列にノミを打ち込んで割る工法の部材が全国で初めて発見された。建築様式から室町後期と考えられている。

1カ月にわたって古式通りに

当番祭（県指定重要無形民俗文化財）

吉川八幡宮を中心に南北に分けた地域から10歳前後の男子が1人ずつ当番に選ばれ、「垢離取り」「口開け」「仮屋打ち」「宵祭り」「ハッケあげ」などの神事を行う。10月1日から27日までの約1カ月にわたって古式通りに行われる秋祭りで、大祭では当番2人が馬に乗り、2組に分かれて走り比べをして豊作を祈願する。県下三大祭りの一つ。

室町時代の特色をもつ寺院建築

餘慶寺（本堂＝国指定重要文化財、三重塔＝県指定重要文化財）

■瀬戸内市邑久町北島

749（天平勝宝元）年、報恩大師によって開山されたとされ、慈覚大師によって再興されたという。境内の中央には千手観音像を安置する本堂があり、1570（永禄13）年再建との棟札があった。室町時代の特色をもつ寺院建築であることから、国の重要文化財に指定された。

少年時代の雪舟が修行

宝福寺（三重塔＝国指定重要文化財、境内＝県指定史跡）

■総社市井尻野井山

雪舟（参照52頁）が少年時代修行した寺。もとは天台宗の寺だったが、鎌倉時代から臨済宗の禅寺として栄えた。戦国時代の備中兵乱で三重塔を残して焼失したが、禅宗様式の七堂伽藍は江戸時代に復興された。三重塔は解体修理の際に1376（永和2）年の建立を示す墨書が発見され、室町時代のものであることがわかった。

円山応挙奉納の絵馬も

備中国総社宮 ■総社市総社

総社宮は、国司が国中の神社を参拝する手間を省くため、国中の祭神を合祀した神社である。備中総社宮は1977（昭和52）年に本殿を焼失したが、1979年に再建された。本殿を廻る回廊は、あたりの松の巨木とともに美しい空間を演出している。円山応挙（まるやまおうきょ）をはじめ、有名な画家による奉納の絵馬を多数所蔵している。

山水画を思わせる石組みの庭園

大通寺（だいつうじ）（庭園＝県指定名勝） ■矢掛町小林

矢掛町小林（おばやし）にある曹洞宗の寺。本堂と裏山の間に作られた石寿園（せきじゅえん）と呼ばれる庭が有名。墨絵の山水図を連想させる石組み中心の庭園で、1793（寛政５）年から約20年かけて矢掛在住の中西源兵衛が作庭したと伝えられている。

小堀遠州による枯山水の庭

頼久寺（らいきゅうじ）（庭園＝国指定名勝） ■高梁市頼久寺町

臨済宗永源寺派の禅寺。起源は明らかではないが、1339（暦応２）年、足利尊氏によって再興された。江戸時代初期に作られた枯山水（かれさんすい）の庭園は、備中天領の総代官として備中松山に在城していた小堀遠州（こぼりえんしゅう）の築庭ともいわれる。愛宕山（あたごやま）を借景とし、石組みによる鶴島と亀島、白い砂とサツキの刈り込みなどで大海原を表現しており、「鶴亀の庭」とも呼ばれる。サツキの咲き誇る時期は特に美しい。

備中国分寺五重塔 →参照156頁

作楽（さくら）神社 →参照24頁

三重塔は県下最古の木造建築

長福寺（三重塔＝国指定重要文化財） ■美作市真神

寺伝によれば、奈良時代の757（天平宝字元）年、鑑真和上が開山したとされている。寺は初め背後の真木山の上にあり、60あまりの僧坊をかかえる大寺院があったが、たび重なる火災のため山麓に移転した。三重塔は昭和の解体修理に伴って現地に移築された。この塔は鎌倉中期の再建とされ、県下最古の木造建築といわれている。全体のバランスがよく、雄大堅実で鎌倉時代の特色をよくあらわしている。

端麗な美を誇る桃山時代の本殿

美作総社宮（本殿＝国指定重要文化財） ■津山市総社

和銅6年（713年）、備前国から分割して美作国が作られ、その翌年に美作国の国府が置かれた。その後、国司によって現在の場所に遷座して、美作65郷の神祇を合祀して美作国総社とした。本殿は永禄5年（1562年）に、毛利元就により築造された。入母屋造妻入で美作地方独特といわれる中山造の特徴を持ち、端麗な桃山時代の建造物である。

美作一宮としての格式

中山神社（本殿＝国指定重要文化財） ■津山市一宮

707（慶雲4）年に創建されたとされ、天を突くほどの大鳥居と堂々とした社殿は奈良時代以来の美作一宮として格式を誇ってきた。本殿は1559（永禄2）年に尼子氏によって再建された。入母屋造妻入にみられる独特の建築様式は中山造と呼ばれ、美作地方の神社建築の基本となった。

江戸時代初期の建築様式

鶴山八幡宮（本殿＝国指定重要文化財、拝殿等＝県指定重要文化財） ■津山市山北

鶴山頂上に祀られていた鶴山八幡宮は、津山藩主・森忠政（参照33頁）がこの地に築城を決めたことにより移され、1608（慶長13）年に山北の地に建立された。その後二代藩主・長継によって、拝殿、拝所などが整備された。江戸時代初期の建築様式として貴重なものである。

Close UP 法然と誕生寺

誕生寺

菩提寺

法然(ほうねん)は1133（長承2）年、美作国久米南条（現・久米郡久米南町）に豪族・漆(うる)間時国(まときくに)の子として生まれた。1141（永治元）年、時国は勢力争いの夜襲によって討ち死にする。法然は「敵を恨まず、仏門に入れ」との父の遺言に従い、叔父の観覚が住職をしていた那岐山(なぎさん)の菩提寺(ぼだいじ)へ逃れ、仏門に入る。

15歳のころに比叡山へ登って天台宗を学び、40歳を過ぎてから専修念仏に帰依し、浄土宗を開いた。仏による救済を罪人や女性にも開いたその教えは、世情不安の中で庶民から貴族、天皇にまで信者を広げた。それが旧宗派の反発を招いて1207（承元元）年、70代半ばで四国へ配流となるが、途中で赦(ゆる)されて京に帰り、1212（建暦2）年に同地で没した。

弟子には親鸞(しんらん)などがいる。出生の地には門下の熊谷直実(くまがいなおざね)によって誕生寺が建立され、那岐山の菩提寺には法然が植えたとされる天然記念物の大イチョウ（参照181頁）がそびえる。

誕生寺（御影堂・山門＝国指定重要文化財、境内＝県指定史跡）

現在の誕生寺は、江戸時代中期に再建されたもので、本堂・御影堂など十数棟が建ち並ぶ。

誕生寺二十五菩薩練供養(ぼさつねりくよう)（県指定重要無形民俗文化財）

法然上人の父の命日に近い4月第3日曜日に毎年行われる。上人の両親を阿弥陀浄土へ迎えるという会式で、信徒が菩薩の面をかぶって二十五菩薩に扮し、御影堂から娑婆堂へ両人を迎えに行き、極楽浄土にたとえる誕生寺本堂へいざなって帰る。御影堂から娑婆堂への約300メートルの道中が練供養である。

日本三大神輿に数えられる
徳守(とくもり)神社（本殿、拝殿、幣殿＝県指定重要文化財）　■津山市宮脇町

奈良時代の創建で戦国時代に焼失したが、津山藩主・森忠政（参照33頁）が津山城築城に際して現在の地に移して再興し、津山城下の総鎮守とした。現在の社殿は1664（寛文４）年、二代藩主・長継により中山造で再建されたもの。木鼻(きばな)や蟇股(かえるまた)に見事な装飾を施し、桃山時代の特徴をよく残している。秋には約１トンを超す神輿(みこし)を150人ほどの屈強な男たちが担いで市中を練り歩く。

問題

問１　良寛が修行した備中玉島の寺はどれか。
　1　円通寺　　2　宝福寺　　3　光照寺

問２　江戸時代、倉敷市の由加神社・蓮台寺は両参りで賑わったが、もう一方はどこか。
　1　厳島神社　　2　金刀比羅宮　　3　最上稲荷

問３　奈良時代に鑑真和上が開山したとされている県下最古の木造の三重塔を有する美作市にある寺はどれか。
　1　妙覚寺　　2　金山寺　　3　長福寺

問４　鎌倉新仏教の一つ、浄土宗の開祖である法然の出生の地に建立された寺はどれか。
　1　誕生寺　　2　菩提寺　　3　延暦寺

問５　高梁市の頼久寺は誰の築庭といわれているか。
　1　津田永忠　　2　小堀遠州　　3　山田方谷

問６　吉備中央町の吉川八幡宮に関係するのはどれか。
　1　当人祭　　2　銭太鼓　　3　当番祭

問７　源平合戦の古戦場の近くにあり、平家物語にも登場する寺はどれか。
　1　大通寺　２藤戸寺　３　餘慶寺

【問1】1　【問2】2　【問3】3　【問4】1　【問5】2　【問6】3　【問7】2

4. 岡山の主な近代建築

学校建築では明治時代に建てられた吹屋(ふきや)小学校校舎や津山高等学校本館が知られ、現存する擬洋風教会建築では高梁基督(キリスト)教会堂が県内最古である。また大正時代に建てられた旧日本銀行岡山支店はルネスホールとして蘇った。

大正時代に建てられた重厚感ある銀行

ルネスホール(旧日本銀行岡山支店)(登録有形文化財) ■岡山市北区内山下

日本銀行岡山支店は1922（大正11）年の建築。外観正面には４本のエンタシス柱を並べ、柱頭飾りにはコリント様式を採用。古典ギリシア様式を模した重厚感のある華やかさを見せている。この優れた洋風建築を保存するため、平成17年９月から、ルネスホール（おかやま旧日銀ホール）と改称し、音楽など文化芸術活動を行うホールとして活用されている（参照213頁）。

斬新なデザインの幼稚園

旧旭東幼稚園園舎「八角(はっかく)園舎」(旧旭東尋常小学校付属幼稚園園舎)(国指定重要文化財) ■岡山市北区二日市町

1908（明治41）年に建てられた幼稚園園舎で、八角形の遊戯室が珍しい。また上空から眺めると、園舎は十字型に配置されていて、中央部に八角園舎が設けられている。もとは岡山市中区門田屋敷本町にあったが、平成11年に岡山市立中央図書館東隣へ移築された。

陸軍将校の社交場

県総合グラウンドクラブ(旧岡山偕行社)(登録有形文化財) ■岡山市北区いずみ町

1910（明治43）年、陸軍将校の社交場として建てられた。外観はルネサンス調の擬洋風建築で、木造２階建て。現在は県総合グラウンドのクラブハウスとして使用されている。平成24年、国の登録有形文化財に登録された。

禁酒運動の拠点施設

岡山禁酒会館（登録有形文化財） ■岡山市北区丸の内

岡山における禁酒運動の拠点施設として、1923（大正12）年に建てられた。木造3階建ての寄棟造（よせむねづくり）で、岡山大空襲の際も奇跡的に焼け残り、建築時の姿を伝えている。

倉敷館（旧倉敷町役場） →参照149頁

大原美術館 →参照147,150,213頁

牛窓海遊文化館（旧牛窓警察署本館） →参照153頁

ルネサンス様式の学び舎

岡山県立津山高等学校（旧岡山県津山中学校）本館

（国指定重要文化財） ■津山市椿高下

1900（明治33）年、岡山県津山中学校の新校舎として建設された。1953（昭和28）年に岡山県立津山高等学校と改称。木造2階建て・桟瓦葺（さんがわらぶき）のルネサンス様式の建物で、正面中央には時計台がついていた。明治時代の擬洋風建築として建築史上重要な建物とされている。

細部のレリーフにも注目

森本慶三記念館（旧津山基督教図書館）（登録有形文化財） ■津山市山下

内村鑑三の門下だった津山の豪商・森本慶三が、私財を投じて建てた基督教関連の本格的な図書館。1926（大正15）年竣工。木造3階建てで尖り屋根の時計台を持ち、建物正面のイオニア式柱頭飾りや細部のレリーフが美しい。

選りすぐりの建材で意匠を凝らす

旧遷喬尋常小学校校舎(きゅうせんきょうじんじょう)（国指定重要文化財） ■真庭市鍋屋

1907（明治40）年に建てられた木造2階建ての洋風建築で、資材は国有林の優れた杉や檜(ひのき)を選定して使用された。新校舎の建築には年間町費の約3倍の費用がかかったという。遷喬(せんきょう)という名は山田方谷によって命名されたもので、詩経の一節から引用されている。方谷の書いた額は今も飾られている。

高梁基督(キリスト)教会堂 →参照44頁

旧吹屋(ふきや)小学校 →参照157頁

問題

問1　旧日本銀行岡山支店を改装し、平成17年9月に音楽など文化芸術活動を行う施設としてオープンしたのはどれか。

1　晴れの国岡山館　　2　リットシティビル
3　ルネスホール

問2　岡山市北区丸の内にある岡山禁酒会館は、ある宗教の禁酒啓蒙活動の拠点施設として建設されたが、それはどれか。

1　キリスト教　　2　浄土真宗　　3　黒住教

問3　岡山県総合グラウンドにある総合グラウンドクラブの建物は明治43年（1910年）に建てられたが、当時は何に使用されていたか。

1　病院　　2　陸軍の社交場　　3　警察署

問4　明治時代に建てられた学舎で、山田方谷の書いた額があるのはどこか。

1　岡山県立津山高等学校　　2　旧旭東幼稚園
3　旧遷喬尋常小学校

【問1】3　【問2】1　【問3】2　【問4】3

5．岡山の行事・伝統芸能

岡山県下の三大祭りとされるのは吉備津神社の大祭七十五膳据神事、吉川八幡宮の当番祭、加茂総社宮の加茂大祭で、西大寺の会陽は裸まつりとして全国に知られている。また備中たかはし松山踊り、大宮踊、白石踊が県下の三大踊りとされるほか、備中地方一円では備中神楽が伝承されている。

うらじゃで盛り上がる

おかやま桃太郎まつり ■岡山市中心部

岡山市役所筋や岡山表町商店街、岡山駅周辺など市内中心部を会場に開催される岡山市の夏祭り。土・日曜日は市役所筋などを会場に、「温羅化粧」と呼ばれるメイクを施した踊り子が県内外から参加し、「うらじゃ」のパレードや総踊りなどで盛り上がる。平成19年には、「秋のおかやま桃太郎まつり」がスタート。岡山城周辺を会場に、「郷土の食と芸能と歴史」をテーマに県下市町村自慢の名品・食材が集う。

歌舞伎をもとに振り付け

宮内踊（県指定重要無形民俗文化財） ■岡山市北区吉備津

宮内は江戸時代に吉備津神社の門前町としてにぎわった。7月31日の夜に行われる盆踊りは、宝暦年間（1751 ～ 1764）に上方の千両役者三枡大五郎が宮内芸者のために歌舞伎の「なんばん六法」をもとに振り付けたのが最初といわれる。

吉備津神社の七十五膳据神事 →参照141頁

吉備津彦神社の御田植祭 →参照71頁

市民による朝市として定着

京橋朝市　■岡山市北区京橋町

実行委員会が主催し、市民による朝市として定着したイベント。毎月第1日曜日、京橋のたもとの旭川河川敷と緑地公園を会場に開催される。県内各地から野菜や花、備前焼、手作り品などを持った出店者が集まってくる。特にメバル、カキなどの海産物は鮮度が良く、人気が高い。屋台もあるので、朝食がてら訪れる人も多い。

西大寺(さいだいじ)の会陽(えよう)　→参照73頁

ひょうきんな素隠居が駆け回る

阿智神社の秋祭り（素隠居(すいんきょ)）　■倉敷市本町

阿智神社は倉敷7カ町の氏神。10月第3土・日曜日に行われる秋祭りでは、神輿の先駆けを素隠居が務める。素隠居は法被に緋だすきがけで、ひょうきんなジジ・ババの面をかぶって町内を駆け回り、手にした赤い渋うちわで子どもたちの頭をたたく。たたかれると頭がよくなるといわれている。

吉備真備をしのんでしっとりと

弾琴祭(だんきんさい)　■倉敷市真備町妹

藤原仲麻呂の乱の後に朝廷を辞して帰郷した吉備真備(きびのまきび)が、名月の夜に小田川の清流を望む巨岩の上で琴を弾いたという言い伝えがある。それにちなみ、中秋の名月に近い土曜日、琴弾岩(ことひきいわ)と呼ばれる岩の上で真備をしのび、琴と尺八の演奏が行われる。

異国風の衣装と唐人笠

唐子踊(からこおどり)(県指定重要無形民俗文化財)　■瀬戸内市牛窓町牛窓

10月第4日曜日に行われる疫(やく)神社の秋祭りに奉納される。6〜12歳ぐらいの男子2人が異国風の衣装を着け、頭には唐人笠をかぶって踊る。踊りの手振りも、悠長なお囃子(はやし)も朝鮮半島の影響を強く受けているといわれている。

備前焼が身近に感じられる

備前焼まつり　■備前市伊部

毎年10月の第3日曜日とその前日の2日間に、備前焼のふるさと・伊部(いんべ)の街で行われるイベント。歩行者天国となった会場では沿道に作家や窯元のテントが立ち並び、備前焼が普段より安く販売される。ろくろの実演や備前焼の茶碗を使った茶席もある。

吉川八幡宮当番祭 →参照76頁

神人一体となった神遊び

加茂大祭(かもたいさい)(県指定重要無形民俗文化財)　■吉備中央町加茂市場

10月第3日曜日、旧加茂郷内の8社の神輿が加茂総社宮に集まって繰り広げられる盛大な祭りで、900年以上の歴史をもつといわれる。奴練り、獅子舞、棒使いなどの競演のほか、笛や太鼓のはやしに合わせて町内を練りまわり、神輿を掛け声とともに高く差し上げてその高さを競う御神儀など、古来の厳格なしきたりに従って神人一体となった神遊びが終日行われる。県下三大祭りの一つ。

Close UP ひな祭り

伝統的なひな祭り行事に「笠岡市北木島の流し雛」（笠岡市指定重要無形民俗文化財）がある。これは旧暦３月３日のひな祭りに、色紙で作った紙雛を天神様の好きな桃の花や菱餅とともに空舟と呼ぶ藁舟に乗せ、海へ送る年中行事である。紙雛は島の女性が１カ月に１体ずつ12体（閏年は13体）作り、１つは船頭姿、他は振袖姿にする。人形を海に流すことによって災厄を払うという。

また、真庭市の「勝山のお雛まつり」や倉敷市の「倉敷雛めぐり」などは、商店や民家の軒先にその家の雛人形を思い思いのアイデアで陳列し、観光客を集めている。白壁や連子格子の家並み、ショーウインドーなどにおひな様が並ぶ様は、忘れかけていた懐かしい風景をよみがえらせてくれる。

吉備路れんげまつり →参照156頁

参勤交代の行列や宿泊を再現

矢掛の大名行列 ■矢掛町矢掛

宿場祭りの中心行事として1976（昭和51）年から行われている。参勤交代の大名が宿泊した往時を完全に再現。本陣当主役を先頭に、殿様から中間役まで配し、総勢約100人の大行列となる。本陣前では「おつき（到着）」「おたち（出発）」の様子まで再現される。

夜を徹して演じられる

備中神楽(国指定重要無形民俗文化財)

備中一円の荒神や産土神の祭りに夜を徹して行われる民俗芸能。「天の岩戸開き」「大国主命の国譲り」「素盞嗚命の大蛇退治」は、江戸時代後期に高梁市の神官・西林国橋が神話をもとに演劇風に仕立てたもの。

それぞれの地区に伝わる供奉楽

渡り拍子（頭打ち・楽打ち等）

備中西部の三十数社で御神幸の供奉楽として行われている踊り。地区によってかなりの相違がある。「頭打ち」「楽打ち」「渡り打ち」「拍子打ち」などと呼ばれ、胴丸の太鼓１つに４人のトビコ（踊り手）がつき、撥で太鼓を叩きながら踊る。毎年11月３日に行われる高梁市備中町平川の鋤崎八幡神社は盛大な渡り拍子が出ることで有名で、井原市西三原・東三原の糸崎八幡神社・中山天神社の神事とともに県指定重要無形民俗文化財。

源氏と平氏に見立てて競い合う

ヒッタカ・おしぐらんご ■笠岡市金浦

「ヒッタカ」とは「火を高く（上げる）」という意味。旧暦５月５日に近い土曜日の夜、東の行者山と西の妙見山に、提灯約300個でその年の世相を反映した絵を描き、出来を競う。翌日、金浦湾で源氏と平氏に分かれて和船のスピードを競い合うのが「おしぐらんご」。方言で「漕ぐ」ことを「押す」、「競い合い」を「ぐらんご」ということからこう呼ばれている。

勇壮かつ優雅な盆踊り

大島の傘踊（県指定重要無形民俗文化財） ■笠岡市大島中

８月14日の夜に行われる勇壮かつ優雅な盆踊り。囃子方の音頭に合わせて番傘をパッと開いて踊る「出踊り」、傘を半開きにして踊る「忍び」、傘をたたんで斬りかかる「斬り合い」の型を順に踊る。1686（貞享３）年、旧領主の100年忌法要の際、夕立に遭い、雨傘を使って踊ったのが始まりとされている。

島を走り抜ける暴れ神輿

真鍋島の走りみこし　■笠岡市真鍋島

旧暦8月15～16日に行われていた島の鎮守の秋祭り。島を走り抜ける勇壮な暴れ神輿で有名。大漁旗をなびかせた御召船で港に入った3台の神輿(みこし)が、激しい練りを繰り返しながら本浦地区をまわる。翌日は浜辺を練りながら一気に神社まで帰っていく。現在は5月に開催されている。

ユネスコ無形文化遺産に認定

白石踊(しらいしおどり)(国指定重要無形民俗文化財)　■笠岡市白石島

源平合戦の戦死者を弔うために始まったとされる盆踊り。勇壮な男踊り、やさしく控え目な女踊り、華やかな動きの中に優雅な気品が漂う娘踊りを始め、奴踊り、笠踊りなど多くの種類があり、一つの輪の中で踊り手がいくつかの組にわかれ、それぞれ違った踊りを踊るのが特徴。県下三大踊りの一つ。2022年、「風流踊」の一つとして、大宮踊（参照92頁）とともにユネスコ無形文化遺産に登録された。

370年続く、県下最大の盆踊り

備中たかはし松山踊り(松山踊・県指定重要無形民俗文化財)　■高梁市

毎年8月14日から16日までの3日間、高梁の市街地で踊られる盆踊り。県下三大踊りの一つに数えられ、盆踊りとしては県下最大である。庶民が踊った簡単な四つ拍子の「地踊り」と、武士の間で踊られた「仕組踊り」がある。約370年の伝統を誇る。

武器を携えた大名行列

八幡宮の大名行列 ■新見市新見

10月15日に行われる新見の船川八幡宮の秋祭りは、御神幸のときに神輿の先駆けを務める武器行列が出ることで知られている。氏子が下座して迎えることから俗に「大名行列」や「土下座まつり」とも称される。総勢64人の行列が長刀、鉄砲、弓矢などを携え、「下に、下に」のかけ声とともにお旅所へ向かう。

誕生寺二十五菩薩練供養（ねりくよう） →参照79頁

参拝者が逃げ回る奇祭

護法祭（ごほうさい） ■美咲町、久米南町

密教系寺院に祀（まつ）られる護法善神の祭りで、8月14日または15日に行われる。現在では旧久米郡内の数カ所のみに伝わる奇祭である。真夜中に護法善神が乗り移った護法実が両手を広げて境内を飛び回り、仏法擁護、伽藍（がらん）安全、天下泰平、万民快楽を祈念。参拝者は捕まるまいと右往左往し逃げ回る。美咲町両山寺の二上山（ふたがみさん）両山寺と久米南町上籾の清水寺（せいすいじ）の護法祭が有名で、ともに県指定重要無形民俗文化財。久米南町の両仙寺でも行われる。

女装した男性が踊る

バンバ踊り（県指定重要無形民俗文化財） ■久米南町仏教寺

真言宗の古刹（こさつ）・仏教寺の竜王様は雨乞いに霊験あらたかとされ、雨乞いを行って慈雨が降ると、旧暦8月1日に感謝を込めてバンバ踊りを踊る。踊り子とカンコ（太鼓）打ちは男性に限られ、女装して笠をかぶって舞う。

大鏡餅で力比べ

五大力餅会陽（ごだいりきもちえよう） ■美作市尾谷

真言宗の古刹・顕密寺（けんみつじ）で行われる力比べの奇祭。総重量185キログラムの大鏡餅を三方（さんぼう）に載せ、素手で抱えて運び歩いた距離を競う。最も長い距離を運んだ人が福男になる。2月第1日曜日に開催。

精進潔斎して臨む

当人祭(梶並八幡神社)(県指定重要無形民俗文化財) ■美作市梶並

10月第1土曜日に行われる秋祭りで400年以上の歴史をもつ。氏子から選ばれた当人（生神様）は祭りの1週間前から精進潔斎の生活に入り、当日は烏帽子装束で牛玉を捧げ持ち、供を従えて神社に向かう。当人に背中を跨いでもらうと無病息災であるといわれている。

雄雌一対の面がわかれて舞う

獅子舞(境神社・八幡神社)(県指定重要無形民俗文化財) ■美咲町境・大垪和

両神社の秋の大祭で行われる。境神社に伝わる古い獅子頭は「メン」と呼ばれ、獅子舞も女性的で洗練された舞い方。八幡神社に残る古い獅子頭（県指定重要文化財）は「オン」と呼ばれ、舞は男性的で勇壮闊達。２つの面は一対だと言い伝えられている。

100以上の歌舞伎が農村娯楽として定着

横仙歌舞伎(県指定重要無形民俗文化財) ■奈義町

横仙とは那岐山のすそ野に広がる日本原一帯をいう。江戸時代の終わりごろから歌舞伎の巡業が訪れていたが、次第に地元の人々によって演じられるようになり、農村娯楽として定着した。100を超える古典歌舞伎が伝わり、「源平咲分牡丹」といった独自の外題ももっている。

殿様が笑うと不作になる

布施神社のお田植祭(県指定重要無形民俗文化財)　■鏡野町富西谷

5月5日に神社の境内で行われる、豊作祈願の伝統行事。「しろかき」「田植え」などの神事の後、殿様と福太郎が登場して狂言を演じる。このとき殿様が笑うと不作になるといわれ、殿様は決して笑わない。

ゆったりとした盆踊り

大宮踊(国指定重要無形民俗文化財)　■真庭市蒜山

蒜山(ひるぜん)地方に伝わる盆踊りで県下三大踊りの一つ。代表的なものが8月15日夜に福田神社で盛大に行われる踊り。ゆっくりとした動きの少ない踊りで老若男女を問わず参加できるのが特徴。「あおい」「しっし」「まねき」という3種類の踊りがある。2022年、「風流踊」の一つとして、白石踊(参照89頁)とともにユネスコ無形文化遺産に登録された。

祝いの席で演じられる郷土芸能

銭太鼓　■真庭市蒜山地方

中央に節のある竹筒に一文銭3個を入れた楽器を両手に持ち、三味線や太鼓の伴奏でサンコ節や安来節(やすぎぶし)に合わせて拍子をとる一種の曲芸。大宮踊と並んで蒜山地方の代表的な郷土芸能となっている。結婚式などの祝い事に演じられる。

旧正月を前ににぎわう年の市

ぶり市(北房ぶり市)　■真庭市下呰部(あざえ)

毎年2月の第1日曜日に開催される年の市。旧正月用のブリはもちろん、干物や陶器、植木などを売る露店で一日中にぎわう。市に出かけて行って買い物をすることを「市の風にあたる」といい、市の風にあたると一年中風邪をひかないといわれている。

桜まつり →参照185頁

岡山を代表する民謡
下津井節

「♪下津井港はヨ〜」で始まる、岡山を代表する民謡。主に酒席などで唄われてきたもので、同じメロディーの民謡は日本各地の北前船の寄港地周辺にも残る。

山田耕筰が編曲
中国地方の子守唄

「♪ねんねこしゃっしゃりませ」で始まる、井原市に伝わる子守唄。地元出身の声楽家・上野耐之が師の山田耕筰（こうさく）に紹介し、山田の編曲で全国に広まった。

問題

問１　岡山県の祭りについて正しい記述はどれか。
　１　倉敷市の阿智神社の秋祭りは土下座まつりとも呼ばれている。
　２　笠岡市の大島の傘踊りは傘を刀に見立てて踊るのが特徴である。
　３　久米南町のバンバ踊りは、田植えの動作を真似た踊りでその年の豊作を祈願する伝統行事である。

問２　通称「土下座まつり」といわれるのはどれか。
　１　新見市の御神幸武器行列　　２　矢掛の大名行列
　３　岡山市の御神幸

問３　国の重要無形民俗文化財に指定されていないものはどれか。
　１　西大寺会陽　　２　備中神楽　　３　唐子踊

問４　大宮踊と並ぶ蒜山地方の代表的な郷土芸能はどれか。
　１　渡り拍子　　２　横仙歌舞伎　　３　銭太鼓

問５　県下の三大踊りに入らないのはどれか。
　１　大宮踊　　２　白石踊　　３　宮内踊

【問1】2　【問2】1　【問3】3　【問4】3　【問5】3

6．岡山の伝統工芸

中世に現在の備前市で盛んになった備前焼は岡山を代表する伝統工芸で、素朴な土の味わいが人気を集めている。この備前焼とともに国の指定を受けているのが真庭市の勝山竹細工。県指定の伝統工芸としては、岡山市の撫川うちわ、倉敷はりこなどがあり、現在もその技と伝統が受け継がれている。このほか瀬戸内市の備前刀も、優れた刀剣ブランドとして全国に知られている。

国指定の伝統工芸品

土と炎の芸術
備前焼 →参照95頁

岡山を代表する焼き物で、国指定の伝統工芸。備前市伊部で採取された粘土が使われることから「伊部焼」とも呼ばれる。日本六古窯（他は瀬戸、常滑、丹波、信楽、越前）の一つに数えられるほど歴史は古く、ルーツは古墳時代の須恵器にまでさかのぼる。飾り気のない素朴さが身上で、絵付けをせず、釉薬も使わず、土の味そのままに焼き締めるのが特徴。主に登り窯を使用し、約1200℃の高温で２週間かけて焼き上げる。作品の詰め方や燃料となるアカマツの松割木の焚き方によって、窯の中では胡麻、牡丹餅、緋襷などの「窯変」と呼ばれる予期せぬ変化が生まれることから、「土と炎の芸術」とも形容されている。

平成29年４月には日本六古窯が日本遺産に認定された。

古備前から現代作家まで
備前市立備前焼ミュージアム　■備前市伊部

1000年の歴史をもつ備前焼を、古備前の名品から人間国宝、現代作家の作品まで幅広く集めて展示している。採土から窯出しまでの制作工程もわかりやすく紹介。
（令和７年４月まで休館中）

素朴な力強さが魅力

勝山竹細工

真庭市（真庭郡勝山町）で受け継がれてきた竹製の工芸品。江戸末期ごろ、林業の合間や冬場の手仕事として始まったとされる。マダケ（真竹）の皮をむかずに青竹のまま使用するのが特徴で、ザルや背負いカゴのほか、花入れ、インテリア小物などが作られている。

岡山の人間国宝（重要無形文化財保持者）

■備前焼

備前焼中興の祖と仰がれる

金重陶陽（かねしげとうよう） ■1896(明治29)年〜1967(昭和42)年

備前市伊部（いんべ）（和気郡伊部村）生まれ。本名は金重勇。窯元であった父・楳陽（ばいよう）の下で修業を始め、人物や鳥獣といった細工物を得意とした。その後桃山風古備前の再現に取り組み、窯の改良や技法、土づくりなどを研究する。ほかにも手ロクロによる制作の復活や茶道を踏まえた作陶などを試みた。今日の備前焼の隆盛をもたらす様々な成果と方向づけを残し、「備前焼中興（ちゅうこう）の祖」といわれる。1956年には備前焼作家として初めてとなる人間国宝の認定を受けた。

素朴で力強い作風

藤原（ふじわら）　啓（けい） ■1899(明治32)年〜1983(昭和58)年

備前市穂浪（ほなみ）（和気郡伊里村）生まれ。本名は藤原敬二。旧制閑谷中を４年で中退して上京、文筆活動や演劇活動、社会主義運動にも身を投じた。関東大震災後は職を転々として行き詰まり、1937年に帰郷して備前焼の道に入る。三村梅景、金重陶陽（かねしげとうよう）らに学んで桃山時代の備前焼の再興をめざし、素朴で力強い作風を打ち立てる。1970年に備前焼作家として２人目の人間国宝となる。

愛用のロクロも保存

藤原啓記念館 ■備前市穂浪

藤原啓の代表作の数々が、作陶のうえで影響を受けた古備前、収集した洒脱（しゃだつ）な書画などとともに展示されている。生前、手回しにこだわって使い続けた愛用のロクロも保存されている。

ロクロの名人と称される
山本陶秀（やまもととうしゅう） ■1906（明治39）年〜1994（平成6）年

備前市伊部（和気郡伊部村）生まれ。本名は山本政雄。1921年ごろから備前焼の窯元に入り、1933年に窯を開いて独立する。1938年には京都の陶芸家・楠部弥弌（くすべやいち）の教えを受けて技を磨いた。ロクロ技術に優れて「ロクロの名人」と呼ばれ、また茶道具の中でも特に茶入れにこだわった。1959年のブリュッセル万国博覧会に出品した緋襷（ひだすき）大鉢がグランプリを受賞。1987年には備前焼作家として３人目の人間国宝に認定された。

素朴で豪放な作風
藤原　雄（ふじわら　ゆう） ■1932（昭和7）年〜2001（平成13）年

備前市穂浪（和気郡伊里村）生まれ。本名同じ。人間国宝・藤原啓の長男で、1955年に明治大学文学部を卒業して出版社「みすず書房」に勤めた後、帰郷して父の下で備前焼の修業に入る。素朴で豪放な作風の壺や食器を得意としたが、レリーフやオブジェも数多く制作した。アメリカやカナダの大学で講義を受け持ち、海外で備前焼を積極的に紹介するなど、国際文化交流にも功績を残した。失明の不安と向き合いながら、1996年に陶芸界では初となる親子２代の人間国宝に認定。倉敷芸科大学客員教授も務めた。

中世の窯を復元して古備前を再現
伊勢崎　淳（いせざき　じゅん） ■1936（昭和11）年〜

備前市伊部（和気郡伊部町）生まれ。本名は伊勢崎惇（あつし）。伊勢崎陽山の次男で、幼い頃から父に手ほどきを受けるが、本格的に備前焼と取り組むのは1959年に岡山大学特美科を卒業してからである。兄の満とともに、備前焼で初めて中世の直焔式（ちょくえんしき）半地下窖窯（あながま）を復元し、古備前の再現に成功する。陶器のほかレリーフやオブジェの制作にも意欲的で、2002年には新首相官邸の陶壁も手掛けている。2004年に備前焼作家として５人目の人間国宝となった。

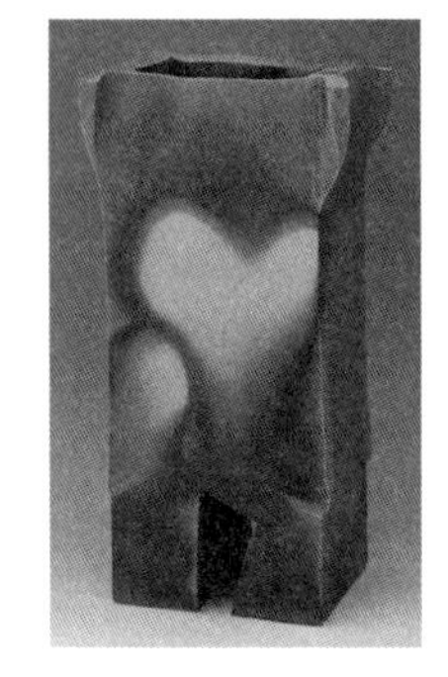

■木工芸

伝統技術の中に独自の作風
大野昭和斎（おおのしょうわさい） ■1912（明治45）年〜1996（平成8）年

現在の総社市八代に生まれる。本名は片岡誠喜男。父の下で木工芸の修業を始め、さらに独学で工芸の技を追求した。青年時代に倉敷市玉島在住の日本画家・柚木玉邨（ゆのきぎょくそん）から「昭和斎」の号を贈られる。1965年に日本伝統工芸展で入選して以来受賞を重ね、1972年には同展特待となる。木工芸の伝統技術を伝承しながら、指物（さしもの）や象眼（ぞうがん）などに独自の作風を築き、岡山や香川の後進に指導も行う。杢目沈金（もくめちんきん）や線象眼の技法が評価され、1984年に人間国宝の認定を受けた。

■その他

箏曲生田流の家元
米川文子（よねかわふみこ） ■1894（明治27）年〜1995（平成7）年

高梁市出身。幼い頃から姉の暉寿（てるじゅ）に箏を学び、1905年に上京して小井出とい、菊原琴治らに師事。独自の芸風を打ちたて箏曲生田流家元となり、1966年に人間国宝の認定を受ける。兄はロシア文学者の米川正夫。

人形師として初めての人間国宝
平田郷陽（二代目）（ひらたごうよう） ■1903（明治36）年〜1981（昭和56）年

1955年に人形師（人形作家）として初めて人間国宝に認定された。木目込みの技法を用いた衣裳人形を創作。玩具や伝統工芸として見られていた人形を芸術にまで高めたと評価されている。東京生まれだが、関東大震災や太平洋戦争中に父の出身地である岡山に疎開している。

緑がかった独特の釉薬
虫明焼（むしあげ）

海上交通の拠点として栄えた虫明（瀬戸内市邑久（おく）町）で生まれ、江戸中期（1750年ごろ）に現在の形ができあがった。京都清水焼の流れをくんで地が薄くて固く、緑がかった独特の釉薬がかかっている。岡山藩の家老・伊木家がお庭窯として奨励したことから茶器が有名。

室町以来の伝統を復活
郷原漆器（ごうばらしっき）

室町時代以来600年の伝統を持つ郷原（真庭市蒜山（ひるぜん））の漆器。江戸時代に盛んに作られ、山陰地方を中心に日用品として使用されていた。蒜山地方のクリの生木をロクロで挽（ひ）いた後で乾燥させ、天然漆で仕上げる。一度は伝統が途絶えたが、住民の熱意で平成元年に復活させたもの。

気品に満ちた漆黒の光沢
高田硯（たかだすずり）

室町時代以来の伝統を持つ。真庭市勝山で採取された黒色粘板岩の原石の形を生かして仕上げ、気品に満ちた漆黒の光沢がある。石のよさと技術の高さで全国に愛好者がいるが、製作工程のほとんどが手作業のため１日に２個程度しか作れない。

平安時代以来1200年の歴史

備中和紙

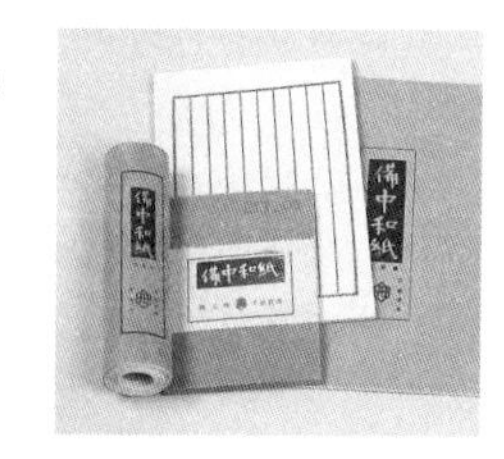

良質のコウゾやミツマタがとれる県北は、平安時代以来の和紙の産地として1200年もの歴史をもっていた。高梁(たかはし)市備中(びっちゅう)町の成羽(なりわ)川沿いで作られていた「清川内紙(せいごうちがみ)」もその一つだったが、1964年に建設された新成羽川ダムで産地が水没してしまった。このため生産の拠点を倉敷市に移して「備中和紙」として復活した。

金箔工芸を支える高級和紙

津山箔合(はくあい)紙

津山市横野地区では、周辺でとれる「ミツマタ」を原料にして、金箔をはさむのに使われる和紙が作られている。これは「金箔台紙」ともいわれ、薄くて腰があり、しかも手触りがよいところから、京都や金沢の金箔工芸を支える存在として欠かせない高級和紙となっている。

藩士の内職が起源

撫川(なつかわ)うちわ

江戸時代の寛文年間（1660年代）に、庭瀬藩（岡山市北区庭瀬）の家臣たちが内職として作り始めたのが起源とされる。雲の模様に見えるのが実は俳句を詠み込んだ文字で、「歌継ぎ」といって２枚の紙を張り合わせている。絵柄は句に合わせたものを「透かし」の技法で配置し、優雅な仕上がりが涼を呼ぶ。

ルーツは虎のはりこ

倉敷はりこ

江戸末期の1800年ごろ、倉敷に住んでいた人形師が男児誕生を祝って作った虎のはりこがルーツとされる。これが評判を呼び、縁起物として節句の飾りに使われるようになった。虎のほか、干支の動物や素隠居（すいんきょ）と呼ばれる「じじばば」も作られている。ユーモラスな動きや表情が特徴だ。

丈夫で美しい光沢

がま細工

雪深い真庭市蒜山地方で日用品として作られてきた民具。軽くて防水・保温性に優れた「ヒメガマ」を材料に、雪ぐつ、背負いかごなど生活に密着した道具が生産されている。シナノキ（ヤマカゲ）の皮の繊維で縄をない、ガマを手作業で編んでいく。丈夫で美しい光沢がある。

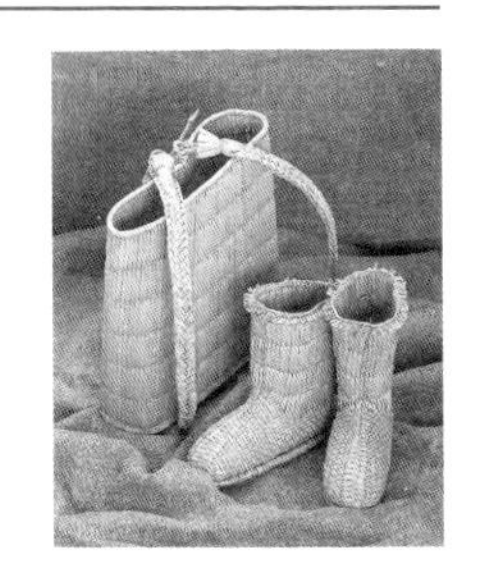

素朴な模様の庶民の着物生地

手織作州絣（さくしゅうがすり）

江戸初期の1600年ごろから、津山市周辺では山陰地方でとれた綿を原料にして、手織りの絣が生産され始めた。安くて丈夫なため、庶民の着物生地として広まった。太めの木綿糸を使用した素朴な織物で、現在ではテーブルセンターなどもある。

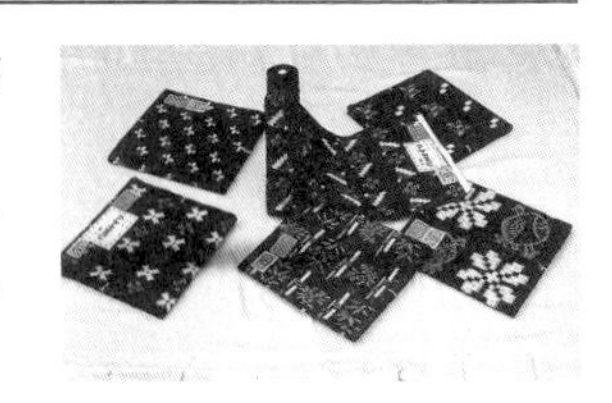

渋い色合いとしま柄が特徴

烏城紬（うじょうつむぎ）

綿織物の産地だった岡山市南区灘崎町で、江戸末期の1800年ごろから織られていた紬。しなやかで着心地がよく、江戸時代から伝わる渋い色としま柄が特徴。名前は岡山城の別名・烏城にちなんでいる。

男の子のひな祭りに飾る
津山ねり天神

津山市周辺には男の子のひな祭りの風習があり、学問成就や書道の上達を願い３月３日に天神様の人形を飾る。江戸中期（1700～1800年ごろ）に勝央町で作られていた人形が始まりとされ、古くなったら自然の土に返るようにと泥を固めただけで焼いていないのが特徴だ。

その他の伝統工芸

備中神楽に用いられる面
備中神楽面（かぐらめん）

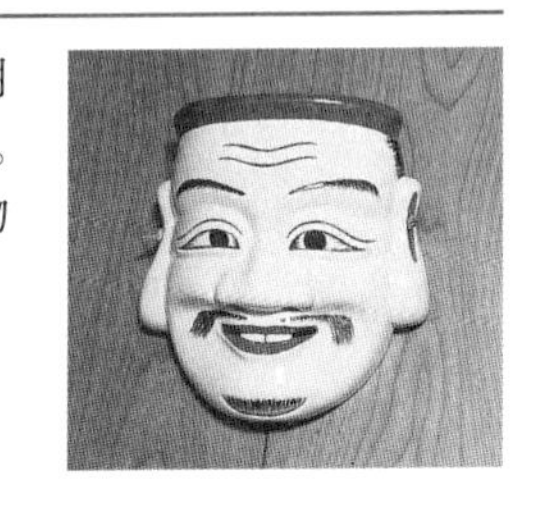

備中地方一円で演じられる備中神楽（参照87頁）で用いられる面。桐に面打ちした後で着彩し、漆で仕上げる。スサノオノミコトなど神話に登場するさまざまな人物の表情が、個性豊かに表現されている。

厚みのある温かな吹きガラス
倉敷ガラス

倉敷市在住の小谷真三、栄次親子が製作する吹きガラス。倉敷民藝館（参照149頁）の元館長で民芸運動に深い理解を示した外村（とのむら）吉之介に見いだされる。厚みのある温かな造形が特徴で、グラス、小鉢など日用品を中心に作られている。

大正時代に創始された漆器
烏城（うじょう）彫

1925（大正14）年に木口九峰が創始した漆器。国産の漆を使用し、自然の木目を生かしつつ、身近な野菜などを題材にして独特の力強いタッチで彫りが施されている。岡山城の別名「烏城」にちなんでネーミングされた。

Close UP 備前刀

備前長船（おさふね）（瀬戸内市長船町）は、五ケ伝（他は山城、大和、美濃、相州）といわれた日本刀の主要産地の一つとして栄え、鎌倉時代から室町時代にかけては全国一の生産を誇った。当時、備前福岡（長船町）は「福岡の市」（参照22頁）で知られる交通と経済の要衝だった。中国山地で採取された良質の砂鉄が吉井川を船上輸送されてきたため、「鍛冶屋千軒」とうたわれるほど数多くの刀鍛治がここに集まり、日本刀を製造した。

備前刀は焼き入れ温度が780度と低く、地肌が細かい特有の組成になるため折れにくいという特徴をもつ。現在、国宝や重要文化財に指定されている刀の約半数が備前刀であることからも、いかに高い技術水準を保っていたかがうかがえる。

備前長船刀剣博物館　■瀬戸内市長船町長船

刀剣ばかりを収集·展示した、全国的にも珍しい博物館。備前刀をはじめ、つばなどの小道具や外装を展示するほか、古式鍛練など、実際の刀作りの工程を見ることができる。刀匠の今泉俊光（いまいずみとしみつ）の記念館を併設。

問題

問1　備前焼に今日の隆盛をもたらす様々な成果と方向づけを残し、「備前焼中興の祖」といわれているのは誰か。

1　金重陶陽　　2　藤原　啓　　3　藤原　雄

問2　蒜山地方に伝わる郷原漆器の材料となる木はどれか。

1　クリ　　2　サクラ　　3　アカマツ

問3　撫川うちわは、武士が内職として作り始めたのが起源とされるが、いつの時代からか。

1　鎌倉時代　　2　室町時代　　3　江戸時代

【問1】1　【問2】1　【問3】3

7. 岡山の食文化

瀬戸内海から中国山地の間に広がる岡山県は、海の幸・山の幸に恵まれている。三大河川に潤された穀倉地帯が広がり、水にも恵まれて古くから酒どころとしても知られてきた。

県内は北部の鯖ずし圏と南部のばらずし圏に大きく二分される。近年では食文化の画一化が進んでいるが、各地には特色ある郷土料理が受け継がれている。中にはご当地グルメとして全国から注目を集める料理も出てきた。

岡山の主な郷土料理と味

ハレの日の食卓を飾る

サワラ料理

鰆は瀬戸内の春を代表する魚。4月下旬～6月ごろ、魚が産卵のため、瀬戸内海に大量に押し寄せてくる。その魚群がまるで島のように見えることから、漁師たちはこの時期を「魚島どき」と呼んだ。

サワラ漁が盛んな備前市日生町では、出漁の前には「網おろし」という豊漁を願う儀式が行われ、郷土色豊かなサワラ料理が並んだ。すし飯に、酢でしめたサワラとせん切りにしたこうこ（たくあん）をちらして作る「サワラのこうこずし」や真子の煮付けなど、今でも祭りや節句などのハレの日の食卓を飾る。

今では全国から岡山へ出荷され、一年中店頭で見られるようになった鰆は、成長するにつれて「サゴシ」→「ヤナギ」→「サワラ」と名前を変えることから出世魚としても名高い。刺身のほか塩焼き、たたき、味噌漬けなど日常の献立はもちろん、祝い事のごちそうにふさわしい食材として、岡山ばらずしに欠かすことのできない具材のひとつにもなっている。

海の幸山の幸を盛り合わせて豪勢に

岡山ばらずし

旬の魚に山の幸を豪勢に盛り合わせた岡山を代表する郷土料理で、「祭りずし」とも呼ばれる。

すし飯の中に、細かく切って味付けしたかんぴょう、しいたけ、にんじん、高野豆腐、あなご等の具材を混ぜ込み、さらに表面には、酢でしめた鰆、えび、いか、あなごの照り焼きのほか、しいたけ、たけのこなど季節のものをふんだんにのせ華やかに彩る。各家庭で正月や節句、結婚式などのときに作られた。

江戸時代、備前岡山藩主・池田光政の「食膳は一汁一菜とする」という倹約令に、「それなら寿司に具をたくさんのせて一菜にしよう」と考えられたのが始まりともいわれる。一説には、カムフラージュのためにすべての具を重箱の底に隠し、食べる時にひっくり返す「返し折り」の風習もあったとされる。

飯を借りて食べるほどおいしい!?

ママカリ

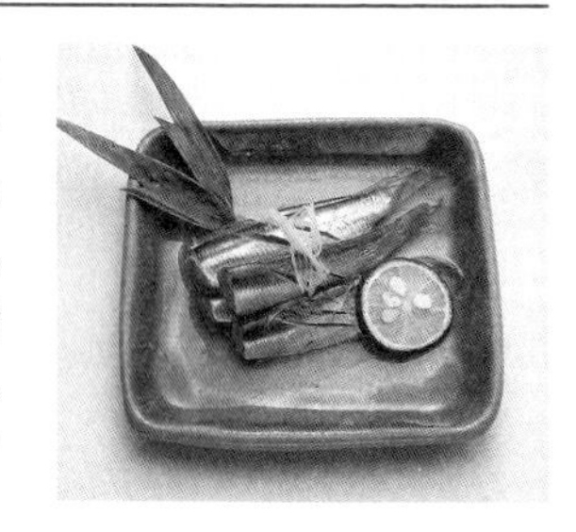

瀬戸内で獲れるニシン科の小魚。体長10～15センチで和名を「サッパ」という。そのあまりのおいしさに、隣家からママ（飯）を借りて食べたといわれることから、岡山では「ママカリ」と呼ばれる。5～7月ごろ産卵期を迎え、秋から冬にかけては脂がのって美味。酢漬け、南蛮漬け、甘露煮、みりん干しなどの調理法で食され、中でも酢漬けとママカリずしは岡山を代表する名物。

県中北部の祭日に欠かせない一品

鯖(さば)ずし

県中北部の新見(にいみ)市や美作(みまさか)市などに伝わる郷土料理。海から遠く離れているため、鮮魚に乏しかったこの地方では、魚といえば保存のきく塩干類で、中でも塩鯖はごちそうとされた。一匹まるごと背割りにし、中に酢飯を詰めたものや、3枚におろし片身だけを使ったバッテラ風のものなどがある。今でも地元の祭日や祝い事には欠かせない一品である。

もち米と麦に具を盛り込む

蒜山(ひるぜん)おこわ

大山おこわがルーツとされる蒜山地方の郷土料理。もち米と麦の中に、味つけした蒜山地方特産の栗、フキなど塩漬けの山菜、油あげや鶏肉など、季節のさまざまな具を盛り込んで蒸しあげるので、五目ずしのようにボリュームがある。地元では今でも田植えの後の祝事（シロミテ）や祭りなどの際に必ず作られる定番料理である。

身がしまって柔らかい

下津井(しもつい)だこ

倉敷市下津井周辺の海域は潮の流れが速く、タコが懸命に岩や海底にしがみつくため、歯ごたえがある。

潮風に舞う干しダコが港の風物詩

マダコ

その習性を利用したタコ壺漁が一般的。収穫期のマダコは２キロ以上になり、地元では生きたままをタコ刺しにして食べる。干して乾燥したものは土産品としても喜ばれ、潮風にひらひらと舞う干しダコの姿は下津井漁港の風物詩でもある。

米飯のように見える卵

イイダコ

体長20センチほどで、体内の卵が成熟したとき、米飯によく似ていることからこの名がついた。煮付けや、ゆでであげて酢味噌で食される。

Close UP ご当地グルメ

真庭市のひるぜん焼そば、津山市の津山ホルモンうどん、備前市の日生カキオコ、玉野市のたまの温玉めしなど、ご当地グルメが次々とクローズアップされ、2006年に始まった「ご当地グルメでまちおこしの祭典！ B－1グランプリ」の第6回大会（2011年）では、ひるぜん焼そば好いとん会と津山ホルモンうどん研究会が1位2位を占めた。ひるぜん焼そばは、昭和30年ごろから蒜山地域で作られているもので、蒜山高原のキャベツや親鶏のかしわ肉を用いており、濃厚な甘辛味の味噌だれが人気を呼んでいる。

また、「デミカツ丼」「えびめし」「笠岡ラーメン」なども岡山の味として注目されている。

まろやかで上品な味わい

きびだんご

岡山の代表的な銘菓。上質のもち米と水アメ、上白の砂糖を加えて練りあげ、風味づけにきびを加える。うっすらと黄味をおびた弾力のある求肥（ぎゅうひ）は、上品な味わいがある。一説には、1856（安政3）年創業の廣榮堂（こうえいどう）（岡山市）の初代・武田浅次郎が、吉備津神社に伝わる餅をヒントに茶席向きに改良したのが始まりといわれる。

さっぱりとした甘さで根強い人気

大手まんぢゅう

ほどよい甘さのこしあんに、小麦粉と甘酒を加えた薄皮をかぶせた蒸し饅頭（まんじゅう）。さっぱりとした風味が万人に愛され、根強い人気を誇る。製造元である大手饅頭伊部屋（いんべや）（岡山市）の二代目未亡人・大岸梅が、現在のような薄皮に改良した。

源平合戦にまでさかのぼる

藤戸饅頭

麹ともち米で作った甘酒をしぼり、その汁を小麦粉と混ぜ合わせた薄皮でこしあんを包み、蒸したもの。藤戸饅頭本舗は倉敷市藤戸寺の門前にあり、饅頭の起源は藤戸の源平合戦（参照20頁）にまで遡（さかのぼ）るとされる。

良質の米と水に恵まれた酒どころ
地酒

岡山県は酒づくりに欠かせない良質の米と豊富な軟水に恵まれ、かつての三国「備前」「備中」「美作」それぞれの風土を反映した個性豊かな酒が醸されてきた。近年、県内の酒造場は減少傾向にあるものの、その数は全国でも上位を占める酒どころである。

酒づくりは地域ごとに流派が異なり、岡山県では「備中杜氏」とよばれる集団が最も多く活躍している。それ以外では但馬杜氏、南部杜氏、越後杜氏などの流れをくむ蔵もある。地酒ならではの個性を打ち出すべく、味もタイプも多彩化してきている。

「幻の酒米」
雄町米

岡山は山田錦などの優良な酒米の先祖である「雄町米」の発祥地として名高い。この品種は栽培の難しさから戦後姿を消し、一時は「幻の酒米」と化したが、昭和40年代後半から利守酒造（赤磐市）が赤磐雄町米の復活に着手。米の旨みと個性を最大限に生かした純米酒が評判を呼び、「雄町」の名を全国にとどろかせた。雄町の酒を偏愛する「オマチスト」は現在も増加を続けている。

個性豊かな味がラインナップ
地ビール

岡山県では、平成７年に宮下酒造（岡山市）が県内の酒造メーカーに先駆けて地ビールの醸造を開始。５種類の本格的なドイツタイプのビールを「独歩」の名で全国に販売した。そのほかの地ビールとしては、多胡本家酒造場（津山市）の作州津山ビール「ITSUHA」と「TSUYAMA」、岡山農業公園ドイツの森（赤磐市）内の醸造所で作られる「吉井高原ビール」などがある。

くだもの王国ならではの味わい

ワイン

岡山県は西日本有数のぶどうの産地である。豊かな水に恵まれ、くだもの王国ならではのフルーティかつ個性的なワインが生産されている。「サッポロワイン岡山ワイナリー」（赤磐市）では、ピオーネを始めマスカット、桃など地元の果物を使ったオリジナルワインを製造販売。そのほか地ワインとしては、蒜山地方に自生する山ぶどうを使った「ひるぜんワイン」（真庭市）、是里（これさと）産のぶどうを使った「是里ワイン」（赤磐市）、船穂（ふなお）産のぶどうを使った「ふなおワイン」（倉敷市）などがある。

県下の特産品が一堂に

晴れの国おかやま館 ■岡山市北区表町

岡山市北区表町にある岡山県の特産品が一堂に揃う特産品ショップ。岡山銘菓などのお土産をはじめ、地酒や調味料などの地元のこだわり食品や備前焼、民工芸品、デニム製品など、多くの県産品を展示販売している。オンラインショップからも購入できる。

問題

問１　すし飯の中にサワラやエビ、アナゴの照り焼きなどの瀬戸内の旬の魚に、かんぴょうやしいたけなどの山の幸を盛り合わせた岡山を代表する郷土料理はどれか。

1　五目ずし　　2　ばらずし　　3　蒜山おこわ

問２　岡山県の郷土料理で、あまりにもおいしいので食が進んでご飯が足らなくなり、隣の家からご飯を借りて食べたという魚はどれか。

1　サワラ　　2　シャコ　　3　ママカリ

問３　玉野市のご当地グルメ・たまの温玉めしは、あるものを混ぜ込んだ焼き飯に温泉たまごをトッピングしているが、それはどれか。

1　アナゴ　　2　牡蠣　　3　タコ

問４　江戸時代末期に偶然発見され、その品質の優良性から現在でも栽培されている、岡山を代表する酒造好適米（酒米）はどれか。

1　朝日　　2　雄町　　3　アケボノ

【問1】2　【問2】3　【問3】1　【問4】2

8. 岡山弁

中国地方の方言に属する岡山弁は、隣接する関西地方とは明らかに基本的なアクセントが異なり、むしろ東京地方に近いとされる。また備前、備中、美作(みまさか)という旧国エリアによって大きく3つに分類できる。

岡山弁の特徴的な語尾として、「〜じゃ（が）」「〜けん」「〜（ら）れー」などがある。

■よく使われる特徴的な岡山弁

あんごー＝馬鹿者
いぬ（いぬる）＝帰る
いらう＝さわる
おえん＝だめ・いけない
おらぶ＝大声で呼ぶ
おんびん（おんびんたれ）＝臆病・臆病者
きょーてー＝怖い
けーから＝これから
さばる＝しがみつく
〜じゃ＝〜だ（断定）
じゃー＝そうだ（同意）
じゃけー（じゃけん）＝だから
じゃろ＝（そう）だろう
でー＝誰
でーれー＝ものすごい
のふーぞー＝態度が大きい・生意気
〜ばー＝〜ばかり
ひっさ＝長い間
ふーがわりー（風が悪い）＝みっともない
ぼっけー＝すごく・すごい
みてる＝無くなる・空になる
めぐ＝壊す・（紙幣などを）崩す
めげる＝壊れる
〜やこー＝〜なんか
やっちもねー＝しょうもない・くだらない
〜（ら）れー＝〜なさい（備前地方）

Close UP 岡山弁

備前・備中・美作のお国なまりも

岡山県内で用いられている方言、それが岡山弁である。江戸時代までの旧国（備前・備中・美作）に従って大きく3つに分けることができ、それらの違いの代表的な例として、ていねいな命令形が挙げられる。たとえば「来なさい」の場合、備前エリアでは「こられー」、備中エリアでは「きねー」、美作エリアでは「きんちゃい」と言う。このほか「きんさい」「きんせー」と言う地域もある。

岡山弁では連母音（2重母音）が融合して、長音になるケースが多い。「アイ」「エイ」「オイ」「アエ」「オエ」はすべて融合して「エー」となり、「ウイ」だけは「イー」となる。たとえば「若い」は「わけー」、「計算」は「けーさん」、「黒い」は「くれー」、「名前」は「なめー」、「覚えた」は「おべーた」、「暑い」は「あちー」となる。したがって、たとえば「歩いて帰る」は「ありーてけーる」となる。また、岡山でよく耳にする「でーれー」という単語（意味は「ものすごい」）は「どえらい」の連母音が長音になったものである。

岡山弁では助詞の「は」「を」「に（へ）」が、直前の単語の最後の母音と融合して、長音になってしまう。「月は」は「つきゃー」、「月を」は「つきゅー」、「月に」は「つきー」。したがって「ここへ来い」は「こけーけー」と訛ってしまう。

強調語が多彩

岡山弁には「ずど」「ほん」「ぼっこー」「ぼっけー」「でーれー」「もんげー」その他、「程度のはなはだしさ」を表す単語が多い。意味はいずれも「ものすごく」あるいは「ものすごい」である。気候温暖で豊かな土地柄だけに近隣関係がクールで、そのためかえって、自分の話に耳を傾けてもらうために強調語を加える。それが習いとなったのでは…という説を唱える人もいる。

岡山弁のアクセントは、ごく一部の地域を除いてほぼ全県で、東京式アクセントである。岡山では老若男女を問わず「断定」の助動詞「だ」の代わりに「じゃ」を用いる。接続詞の「だけど」は「じゃけど」、「だから」は「じゃから」あるいは「じゃけー」となる。また、岡山弁には「雪が降りょーる」という進行形と「雪が降っとる」という完了形の区別がある。

青山　融（岡山弁協会会長）

問題

問1　岡山弁の意味で誤っているのはどれか。

1　きょーてー＝こわい　　2　ふーがわりー＝みっともない
3　みてる＝いっぱいになる

問2　岡山弁の「すねぼんさん」とは身体のどの部分か。

1　ふくらはぎ　　2　膝小僧　　3　くるぶし

【問1】3　【問2】2

9．文芸・学術・芸能

近代以降、岡山県は自然主義の正宗白鳥、随筆家として知られる内田百閒、童話作家の坪田譲治など、多彩な文学者を輩出してきた。芥川賞の第一回受賞者・石川達三や推理作家の横溝正史も岡山にゆかりの深い作家であり、戦後は柴田練三郎や藤原審爾が直木賞を受賞している。また近年では芥川賞作家の小川洋子をはじめ、あさのあつこ、岩井志麻子といった女流作家の活躍が目立つ。マンガ家ではいしいひさいち、岸本斉史などがいる。

学術の分野では幕末期に洋学者の緒方洪庵や箕作阮甫らが出たほか、近代以降では物理学者の仁科芳雄や植物学者の大賀一郎がいる。

岡山ゆかりの主な文学者

明治を代表する象徴詩人

薄田泣菫　■1877(明治10)年～1945(昭和20)年

現在の倉敷市連島町に生まれる。本名は淳介。島崎藤村の浪漫的な新体詩の影響を受けながら、古典的な抒情詩や叙事詩を発表。明治を代表する象徴詩人として活躍した。1912年大阪毎日新聞に入り、詩作から随筆へと移って諧謔と風刺に富んだ文章で人気を集めた。

自然主義を代表する作家

正宗白鳥　■1879(明治12)年～1962(昭和37)年

備前市穂浪の旧家に生まれる。東京専門学校（後の早稲田大学）に進んで在学中にキリスト教の洗礼を受ける。大学付属の出版部を経て読売新聞に入社、主に文芸欄を担当して辛辣な劇評で鳴らした。1904年に処女小説を発表し、1907年の『塵埃』で新進作家と認められる。その後も小説や戯曲を発表し続け、自然主義を代表する作家として明治、大正、昭和の三代にわたって活躍した。

ユーモラスな随筆で根強い人気

内田百閒(うちだひゃっけん) ■1889(明治22)年～1971(昭和46)年

岡山市中区古京町の造り酒屋に生まれる。本名は内田栄造、別号を百鬼園(ひゃっきえん)と称した。東京帝大独文科に進み、かねてより傾倒していた夏目漱石に師事。卒業後はドイツ語教師となり、1922年に短編集『冥途(めいど)』を発表するが、文壇からほとんど注目されなかった。1933年に出した『百鬼園随筆』でようやく評価され、ユーモラスな随筆家として知られる。

大人も共感できる児童文学

坪田譲治(つぼたじょうじ) ■1890(明治23)年～1982(昭和57)年

岡山市北区島田本町生まれ。実家はランプやロウソクの芯を製造していた。早稲田大学に進み小川未明(みめい)の門下となる。上京と帰郷をくり返しながら童話を書き続け、1935年にようやく『お化けの世界』で世に認められた。岡山市は1984年に坪田譲治文学賞を創設した。

横溝正史(よこみぞせいし) →参照114,128頁

昭和を代表する女流詩人

永瀬清子(ながせきよこ) ■1906(明治39)年～1995(平成7)年

赤磐(あかいわ)市出身。1930年に処女詩集『グレンデルの母親』で詩壇にデビュー。東京での活動を経て岡山に疎開し、詩誌『黄薔薇(きばら)』などを主宰、農業に従事しながら詩作を続け、社会活動にも携わった。

歴史小説に新風

柴田錬三郎(しばたれんざぶろう) ■1917(大正6)年～1978(昭和53)年

備前市鶴海(つるみ)生まれ。本名は斉藤（旧姓は柴田）錬三郎。岡山二中から慶応大学に進み、在学中に小説を発表。戦後は日本読書新聞の編集を務めた後、退社して創作に専念。1951年『デスマスク』が芥川賞候補となり、翌年には『イエスの裔(すえ)』で直木賞を受賞。『眠狂四郎無頼控』など剣豪小説でも知られる。

奥津峡が舞台の『秋津温泉』で注目

藤原審爾(ふじわらしんじ) ■1921(大正10)年〜1984(昭和59)年

東京都生まれ。備前市で育ち、閑谷中学から青山学院に進むが病を得て中退。岡山での疎開中も創作を続け、戦後再び上京して奥津峡を舞台にした『秋津温泉』で注目され、1952年『罪な女』で直木賞を受賞。

『バッテリー』は映画化も

あさのあつこ ■1954(昭和29)年〜

本名は浅野敦子。美作市出身、在住。林野高校から青山学院大学を経て1991年にデビュー。1997年『バッテリー』で野間児童文芸賞、1999年『バッテリーII』で日本児童文学者協会賞受賞。児童文学だけでなく、「弥勒」シリーズなどの時代小説も人気。

現代を代表する小説家

小川洋子(おがわようこ) ■1962(昭和37)年〜

岡山市出身。岡山朝日高から早稲田大学を経て1988年に『揚羽蝶(あげはちょう)が壊れるとき』で海燕(かいえん)新人文学賞、1991年『妊娠カレンダー』で芥川賞を受賞。2004年には『博士の愛した数式』で本屋大賞、『ブラフマンの埋葬』で泉鏡花文学賞を受賞した現代を代表する小説家の一人。2004年に続いて、2023年に岡山県文化特別顕賞を受賞。

岡山を舞台にした青春小説も

原田マハ(はらだ) ■1962(昭和37)年〜

東京に生まれ、小学6年生から高校卒業まで岡山市で暮らす。2005年『カフーを待ちわびて』で第1回日本ラブストーリー大賞を受賞し映画化される。出身校の山陽女子高校を舞台にした青春小説『でーれーガールズ』も映画化された。兄の原田宗典(むねのり)も作家。

『ビタミンF』で直木賞受賞

重松　清(しげまつ　きよし) ■1963(昭和38)年〜

津山市出身。1999年に『ナイフ』で坪田譲治文学賞、『エイジ』で山本周五郎賞を、2001年には『ビタミンF』で直木賞を受賞した。

テレビタレントとしても活躍

岩井志麻子(いわいしまこ)(竹内志麻子) ■1964(昭和39)年〜

和気町出身。和気閑谷高を卒業後、22歳のときに少女小説家としてデビュー。1999年『ぼっけえ、きょうてえ』で第6回日本ホラー大賞、2000年に第13回山本周五郎賞を受賞して注目を集める。作家活動のほか、テレビタレントとしても活躍。

Close UP 横溝ミステリーと岡山

横溝正史(よこみぞせいし)の岡山疎開

横溝正史疎開宅

横溝正史〔1902(明治35)年〜1981(昭和56)年〕は神戸市生まれで、本名は「正史」を「まさし」と読む。1925(大正14)年に江戸川乱歩(えどがわらんぽ)と知り合い、翌年上京して博文館に入社。雑誌の編集をしながら、海外ミステリーの紹介を手がけ、自らも作品を発表している。太平洋戦争末期の1945(昭和20)年、横溝は両親の出身地に近い倉敷市真備町(当時は吉備郡岡田村)へ疎開して3年あまりを過ごす。この時期に岡山の山村や離島に残る様々な因習や言い伝えを見聞し、それが後の作品世界を生む土壌となった。

名探偵・金田一耕助の登場

戦後すぐの1946(昭和21)年に発表した『本陣殺人事件』は、疎開先の岡田村を舞台にした密室殺人ミステリーで、日本の推理小説に新たなページを開く作品として高い評価を受けた。この小説は名探偵・金田一耕助が誕生した記念碑的作品でもある。また瀬戸内海に浮かぶ六島(むしま)がモデルとされる『獄門島』も、岡山での疎開時代に執筆された作品だ。横溝は1948(昭和23)年に東京へ戻ったが、その後も津山三十人殺しを題材にした『八つ墓村』、兵庫との県境を舞台にした『悪魔の手毬唄』など、岡山を舞台とした作品を発表している。いずれも村社会の封建的な因習と人間関係を背景に、人間の哀しい性と宿命が交錯し、金田一耕助が事件の謎を解きほぐしてゆく。

横溝ミステリーと岡山ロケ

横溝ミステリーは戦前にも映画化されていたが、戦後になると片岡千恵蔵の主演で『三本指の男』（1947年）や『獄門島』（1949年）が製作され、また『人形佐七捕物帖』がシリーズ化されるなど、第一次横溝映画ブームが起こっている。続いて1970年代半ばには第二次横溝映画ブームが始まり、横溝ミステリー＝岡山県というイメージが一般に定着するきっかけとなった。『獄門島』（1977年）、『八つ墓村』（1977年）、『悪霊島』（1981年）などで岡山ロケが行われている。また豊川悦司が主演したリメイク版『八つ墓村』（1996年）、元SMAPの稲垣吾郎が金田一耕助を演じたテレビドラマのロケも岡山県内各地で行われた。

ミステリー遊歩道

倉敷市真備町には、井原鉄道の川辺宿駅を起点とする金田一耕助ミステリー遊歩道が整備され、一帯に点在する横溝ゆかりのスポットを巡ることができる。真備ふるさと歴史館（参照66頁）には横溝の自筆原稿や実際に使っていた座机、筆記具などが展示されている。ふるさと歴史館のすぐ裏には岡田大池があり、横溝は作品の構想を練りながらこのあたりをよく散策していた。また横溝の疎開宅には本人が着用した着物などが展示され、一般に公開されている。疎開宅の手前には濃茶の祠という小さな祠があるが、小説『八つ墓村』に登場する「濃茶の尼」の名前はここから取られたようだ。この祠の隣には横溝がよく腰掛けて休んだ石があり、いつの頃からか「耕助石」と呼ばれている。

ふるさと歴史館内に展示している横溝正史の書斎

旧川辺村にはかつて本陣と脇本陣が置かれていたが、小説『本陣殺人事件』に登場する一柳家は、この本陣の末裔という設定だった。高梁川の土手道へ上がると、金田一耕助が小説の中で渡り、また横溝自身も実際に渡った旧川辺橋が見える。

世良利和（映画研究者）

その他

新感覚派からプロレタリア文学へ

片岡鉄平（かたおかてっぺい） ■1894(明治27)年〜1944(昭和19)年

鏡野町出身。津山中から慶応大学仏文科に進むが中退。川端康成らと新感覚派を興した後、左翼作家へ、さらに通俗作家へと転身した。

哀愁とユーモア漂う作風

木山捷平（きやましょうへい） ■1904(明治37)年〜1968(昭和43)年

笠岡市出身。詩人として出発した後、太宰治らと同人誌「海豹」を創刊して小説に転じる。哀愁とユーモアの漂う作風で知られた。代表作に『抑制の日』『河骨』など。

岡山市出身の芥川賞作家

吉行淳之介（よしゆきじゅんのすけ） ■1924(大正13)年〜1994(平成6)年

岡山市に生まれ、幼くして東京へ移る。結核の療養中に書いた『驟雨（しゅうう）』で1954年に芥川賞を受賞。

岡山出身の主なマンガ家

少女たちに絶大な人気

一条ゆかり（いちじょう） ■1949(昭和24)年〜

玉野市出身。本名は藤本典子。1968年の第1回りぼん新人漫画賞に準入選してデビュー。1970年に『風の中のクレオ』がヒットして人気マンガ家となる。代表作に『有閑倶楽部（ゆうかんくらぶ）』『砂の城』など。

四コママンガの第一人者

いしいひさいち ■1951(昭和26)年〜

玉野市出身。本名は石井寿一。関西大学漫画同好会に入り、在学中よりアルバイト求人誌に『Oh!バイトくん』を連載。1970年代後半に大ヒットした『がんばれ!!タブチくん!!』で知られ、朝日新聞『ののちゃん』ほか多数の連載を持つ四コママンガの第一人者。

高梁高校在学中にデビュー
平松伸二（ひらまつしんじ） ■1955(昭和30)年～

高梁市出身。高梁高校1年のときに書いた野球マンガが『少年ジャンプ』に掲載され、卒業と同時に上京。代表作に『ドーベルマン刑事』、『ブラック・エンジェルズ』がある。

『NARUTO―ナルト―』が世界的なヒット
岸本斉史（きしもとまさし） ■1974(昭和49)年～

奈義町出身。作陽高校から九州産業大学芸術学部を経て、1996年『カラクリ』でデビュー。1999年から連載を始めた『NARUTO - ナルト -』が大ヒット。双子の弟・聖史もマンガ家。

岡山出身の主なミュージシャン・芸能タレント

演歌界を代表する人気作曲家
岡 千秋（おか ちあき） ■1950(昭和25)年～

備前市日生（ひなせ）の鴻島（こうじま）出身。自ら都はるみとデュエットしてヒットさせた『浪花（なにわ）恋しぐれ』など、演歌界を代表する人気作曲家の一人。岡が作曲した『長良川艶歌（ながらがわえんか）』で五木ひろしが1984年のレコード大賞を受賞。

歌手、俳優として活躍
岸田敏志（＝智史）（きしださとし） ■1953(昭和28)年～

真庭（まにわ）市落合出身。本名は稲田英彦。京都教育大学在学中より創作活動を始め、1976年にデビュー。1979年『きみの朝』がヒット。俳優としても『一年B組新八先生』『渡る世間は鬼ばかり』などに出演。

人気ロックバンドのボーカル
甲本ヒロト（こうもと） ■1963(昭和38)年～

岡山市出身。本名は甲本浩人。法政大学を中退後の1985年にTHE BLUE HEARTSを結成してボーカルを担当。シンプルな歌詞とパンク系のスタイルで人気を集め、『キスしてほしい』などがヒットする。現在はザ・クロマニヨンズのボーカル。弟の甲本雅裕（まさひろ）〔1965（昭和40）年～〕は俳優で、「踊る大捜査線」シリーズやNHK朝ドラ『カムカムエヴリバディ』『でーれーガールズ』などに出演。

数々の記録を打ち立てた音楽ユニットB'zのボーカル

稲葉浩志（いなばこうし） ■1964(昭和39)年〜

津山市出身。津山高校から横浜国立大学卒業。1988年、ギタリストの松本孝弘とB'zを結成してボーカルと作詞を担当。1990年代のJポップシーンを席巻し、CDセールスやオリコン・チャートで数々の新記録を達成。2023年、デビュー35周年を迎えた。

音楽プロデューサーなどが高評価

藤井 風（ふじい かぜ） ■1997(平成9)年〜

浅口郡里庄町出身。子どもの頃からピアノ演奏をYouTubeで公開し、アクセスを集めて反響を呼ぶ。ファーストアルバム「HELP EVER HURT NEVER」をリリース。岡山弁歌詞の『何なんw』『もうええわ』がヒット。『何なんw』のMVが「最優秀R&Bビデオ賞」を受賞。プロデューサーや評論家など音楽関係者の評価が極めて高い。

マルチな才能を発揮

オダギリジョー ■1976年(昭和51)年〜

津山市出身。作陽学園高校卒業。『仮面ライダークウガ』に初出演、映画初主演作となった『アカルイミライ』がカンヌ国際映画祭に出品され、主演男優賞を受賞して注目を集める。自身が脚本と監督も務めた映画『ある船頭の話』がヴェネチア国際映画祭に出品され、高い評価を受ける。ドラマ『オリバーな犬、(Gosh!!)このヤロウ』でも脚本・演出・編集・出演をこなし多彩な才能を発揮する。

映画監督もできる個性派俳優

前野朋哉（まえのともや） ■1986(昭和61)年〜

倉敷市出身。俳優、映画監督。倉敷市出身。学生時代から自主映画の制作を始め、監督・脚本・主演を務めた純愛物語「脚の生えたおたまじゃくし」は、ゆうばり国際ファンタスティック映画祭2010で審査員特別賞＆シネガー賞をW受賞。俳優としては、映画やドラマなど数々の話題作に出演。個性派俳優として活躍する。

岡山市のPRにも一役

桜井日奈子（さくらいひなこ） ■1997(平成9年)年〜

岡山市出身。タレント、モデル、女優。「岡山美少女・美人コンテスト」で「美少女グランプリ」に選出される。映画やテレビドラマ、CMでも活躍する。「鬼カワイイ」をコンセプトにした岡山市のPR動画にも出演。2018年には「桃太郎のまち岡山大使」に就任。

若手で注目される人気俳優

鈴鹿央士（すずかおうじ） ■2000年(平成12)年～

岡山市出身。岡山県立西大寺高校卒業。高校2年生時、岡山で映画のロケがあったとき、主演を務めていた女優の目にとまったことから俳優となる。『蜜蜂と遠雷』で映画初出演し演技が評価され、映画賞の新人賞を数多く受賞。TVドラマ『silent』で演じていた戸川湊斗役でも、多くの視聴者から支持を得る。女性ファッション誌などの人気投票でも高い人気を得る。

中学の同級生がお笑いコンビに

次長課長（じちょうかちょう）(井上聡・河本準一)

吉本興業のお笑いコンビ。二人は岡山市立京山中学の同級生で、河本準一〔1975（昭和50）年～〕は東岡山工業高校、井上聡〔1976（昭和51）年～〕は岡山学芸館高校を卒業後、大阪NSCに入る。

おかやま晴れの国大使にも就任

千鳥（ちどり）(大悟・ノブ)

吉本興業所属の漫才コンビ。ノブ〔1979（昭和54）年～〕は井原市出身で本名は早川信行、大悟〔1980（昭和55）年～〕は笠岡市出身で本名は山本大悟。二人は岡山県立笠岡商業高校の同級生で2000年にコンビを結成した。2015年に「おかやま晴れの国大使」に就任。テレビのレギュラー番組を持つほか、ラジオやCMなど、あらゆるメディアで活躍する。

人気のお笑い芸人を輩出し「お笑い王国」に

■見取り図(リリー・盛山晋太郎)

リリーは和気町出身で、本名は清水将企。岡山県立岡山工業高校、大分県立芸術文化短期大学卒業。2007年にコンビ結成。「M-1グランプリ2018・2019・2020」ファイナリスト。

■ウエストランド(井口浩之・河本太)

二人とも津山市出身で、津山市立津山西中学校の同級生。2008年にコンビ結成。河本が言うボケに対し、井口が異常に長くつっこむスタイルのぼやき漫才で人気を得る。「M-1グランプリ2020・2022」ファイナリスト。「M-1グランプリ2022」優勝。

■ロングコートダディ（兎・堂前透）

兎は岡山市出身で、本名は髙橋翔太。岡山県立岡山大安寺高校卒業。2009年にコンビ結成。「M-1グランプリ2022」決勝進出3位。独特のゆるく和やかな雰囲気が持ち味。

■空気階段（水川かたまり・鈴木もぐら）

水川かたまりは岡山市出身で、本名は水川航太。岡山県立岡山城東高校卒業、慶應義塾大学法学部政治学科中退。2012年にコンビ結成。「キングオブコント2021」王者。

■蛙亭（かえるてい）（中野周平・イワクラ）

中野周平は岡山市出身。岡山県立岡山東商業高校卒業。2011年にコンビ結成。主にコント。「キングオブコント2021」ファイナリスト。

■ハナコ（秋山寛貴・菊田竜大・岡部大）

秋山寛貴は岡山市出身。岡山県立総社南高校卒業。実家は最上稲荷の参道の土産店。2014年に結成。コントはシチュエーション・コメディが多い。「キングオブコント2018」王者。

■東京ホテイソン（たける・ショーゴ）

たけるは高梁市出身で、本名は髙木建。総社高校、中央大学卒業。特技は備中神楽。備中神楽(岡山県伝統芸能)の『神楽師』の資格を持つ（神社庁登録)。2015年にコンビ結成。「M-1グランプリ2020」ファイナリスト。

■かが屋（加賀翔・賀屋壮也）

加賀翔は備前市出身で、備前市立備前中学校卒業。2015年にコンビ結成。コンビ名は二人の名字「加賀」と「賀屋」を合わせた。「キングオブコント2019・2022」ファイナリスト。

岡山出身の主な学者

古代ハスの開花に成功
大賀一郎（植物学者）　■1883年（明治16）年～1965（昭和40）年

岡山市出身。旧制岡山中から一高を経て東京帝大で植物細胞学を専攻した。満鉄教育所員として赴いた中国の大連で出土した古ハスの種子を採取し、発芽に成功。1951年には、千葉の泥炭層から採取した約2000年前のハスの種子を発芽させ、開花にも成功した。これは「大賀ハス」と命名され、大賀自身の手で岡山後楽園に根分け移植されている。

ノーベル賞学者にも大きな影響
仁科芳雄（物理学者）　■1890（明治23）年～1951（昭和26）年

里庄町出身。六高から東京帝大電気工学科を経て理化学研究所の研究員となり、1921年より欧米各地の大学に留学。1928年に「クライン=仁科の公式」を発表。帰国後は量子力学の普及と研究施設の充実に尽力し、湯川秀樹、朝永振一郎など後のノーベル賞学者にも大きな影響を与えた。1955年、その功績を記念して「仁科記念財団」が設立され、毎年原子物理学の分野の優れた研究に対して「仁科記念賞」が贈られている。

生家も公開
仁科会館　■里庄町浜中

郷土が生んだ世界的な物理学者・仁科芳雄の偉業を顕彰し建てられた。子ども向けの図書や学習機材を備えているほか、博士の遺品類も展示されている。近くには、江戸時代の庄屋の面影を伝える博士の生家が残り、公開されている。

問1　岡山県出身の芸人で、『神楽師』の資格を持ち、備中神楽を踊ることができるのは誰か。

1　河本太（ウエストランド）　　2　たける（東京ホテイソン）
3　秋山寛貴（ハナコ）

問2　映画のロケで来岡した有名女優にスカウトされ、恩田陸の小説を原作にした映画『蜜蜂と遠雷』に、初出演した岡山出身の俳優はだれか。

1　前野朋哉　　2　桜井日奈子　　3　鈴鹿央士

【問1】2　【問2】3

Close UP 岡山県立図書館

現在の岡山県立図書館は2004（平成16）年、岡山市中心部に位置する岡山カルチャーゾーンの一角に開館した。建物の外観は備前焼を思わせる焦げ茶色を基調としており、北に岡山城を望む館内は明るく開放的で、随所にユニバーサルデザインが導入されている。

開館の翌年度には年間の来館者数・個人貸出冊数がともに100万を突破した。2004年度と2019年度を除き、来館者数・個人貸出冊数ともに、全国の都道府県立図書館の中でトップとなっている。

1階には新刊のほとんどを購入して提供する児童書コーナーがあり、また新聞コーナーでは地元紙や全国紙だけでなく、専門紙なども読むことができる。2階にはインターネット端末やCD、DVDを視聴できるブースがあり、郷土資料コーナーも充実している。図書の収蔵能力は230万冊だが、そのうち40万冊を収蔵できる自動化書庫が導入されている。

Close UP 岡山芸術創造劇場ハレノワ

2023年9月に、岡山市民会館と岡山市立市民文化ホールに代わる文化芸術施設としてグランドオープンした。コンセプトは「魅せる」「集う」「つくる」。優れた舞台芸術作品の鑑賞機会の提供や、アーティストと市民が出会う体験型ワークショップなどでの交流、演劇やダンスの作品創りなどができるように設備を整えている。

演劇やダンスをはじめ、伝統芸能やオペラ、ミュージカル、バレエなどの幅広い公演に対応でき、大掛かりな舞台演出が可能な「大劇場」、可動型音響反射板が設置でき、生音をいかした公演も可能な「中劇場」、自由に使える平土間空間の小劇場がある。大・中・小の3つの劇場を持っている、中四国随一の創造型劇場といえる。そのほかに小規模公演や日常の練習にも使えるアートサロンや練習室、ギャラリーなどを備え、市民の文化芸術活動を支える設備を充実させている。

10. 岡山の映画

戦前の俳優では日本最初の映画スター・尾上(おのえ)松之助、戦後は志穂美(しほみ)悦子やオダギリジョーらを輩出している。監督では戦前から活躍した巨匠の内田吐夢(とむ)らがいる。

『秋津温泉』では奥津温泉、『黒い雨』では八塔寺ふるさと村が主なロケ地となり、横溝ミステリー（参照114,128頁）の映画化でもしばしば岡山ロケが行われた。『男はつらいよ』シリーズでは高梁市が２度も舞台となったほか、最終作では津山市や真庭市でロケが行われている。また2007年公開の『バッテリー』は県内各地、2015年公開の『でーれーガールズ』は岡山市内でロケが行われ、大きな話題となった。

岡山ゆかりの主な映画人

日本最初の映画スター

尾上松之助(おのえまつのすけ) ■1875年(明治8)年～1926(大正15)年

岡山市出身。本名は中村鶴三。幼時から舞台に上がり、芝居好きから旅役者となってどん底の暮らしを経験する。その後牧野省三に見出されて映画に出演し、「目玉の松ちゃん」という愛称で親しまれた。映画がまだ活動写真と呼ばれた草創期の大スターであり、生涯に出演した映画の数は1000本を超えるともいわれる。

骨太な長編大作を生み出す

内田吐夢(うちだとむ) ■1898(明治31)年～1970(昭和45)年

岡山市出身。本名は常次郎。岡山一中を中退して転職と放浪をくり返した後、映画監督として頭角を現す。終戦の３カ月前に満州へ渡って満映に身を置き、元憲兵大尉・甘粕正彦の自決を看取る。1953年に帰国、療養生活を経て監督に復帰すると、『大菩薩峠』や『宮本武蔵』などの長編大作に持ち味を発揮した。代表作に『飢餓海峡』がある。

庶民的な味わいが持ち味

長門(ながと)　勇(いさむ)　■1932(昭和7)年～2013(平成25)年

倉敷市阿知(あち)（平和町）出身。倉敷精思(せいし)高校を中退して旅回りの一座に加わり、浅草でコメディアンの芸を磨く。1963年に始まったテレビ時代劇『三匹の侍』で岡山弁のイモ侍を演じて人気を博し、庶民的な味わいを持つ俳優として活躍。

人気アニメーション映画を監督・演出

高畑(たかはた)　勲(いさお)　■1935(昭和10)年～2018(平成30)年

三重県出身。岡山県立朝日高校を経て東京大学仏文科を卒業。1959年、東映動画に入社する。1985年、宮崎駿らのスタジオジブリ設立に尽力。代表作はテレビ『アルプスの少女ハイジ』、映画『火垂(ほたる)の墓』『かぐや姫の物語』など。また宮崎監督の『風の谷のナウシカ』や『天空の城ラピュタ』をプロデュースしている。

悪役から個性派俳優へ

八名信夫(やなのぶお)　■1935(昭和10)年～

岡山市出身。プロ野球選手を引退後、東映の悪役俳優に転じる。1983年、悪党を専門に演じる俳優集団・悪役商会を結成。後に悪役以外にも活動の幅を拡げ、個性派俳優として活躍。

アクション女優として活躍

志穂美悦子(しほみえつこ)　■1955(昭和30)年～

岡山市東区西大寺（西大寺市）出身。本名は長渕（旧姓は塩見）悦子。西大寺高校２年の時に千葉真一が主宰するJACに入り、本格的なアクションとアイドル的な人気を兼ね備えた女優として活躍。ドラマで共演した長渕剛と結婚し、1987年に芸能界を引退。

主な岡山ロケ映画

奥津温泉郷が舞台に

『秋津温泉』 1962(昭和37)年　■ロケ地＝ 鏡野町、津山市

美しい温泉渓谷を舞台に、売れない作家（長門裕之）と温泉宿の娘（岡田茉莉子）の出会いと別れを描く。藤原審爾の名作『秋津温泉』のモデルは鏡野町の奥津温泉（参照165頁）郷で、映画では般若寺温泉など奥津渓谷一帯が舞台となり、現地での長期ロケも行われた。

岡山と倉敷の観光スポットが満載

『バージンブルース』 1974(昭和49)年　■ロケ地＝ 岡山市、倉敷市ほか

集団万引きがバレて東京から岡山へ逃げ帰る予備校生（秋吉久美子）と、彼女に下心を抱く中年男（長門裕之）の奇妙な逃避行の物語。ロケ地は新幹線開業後の整備が進む岡山駅前広場、２人がうどんを食べる後楽園（参照139頁）の城見茶屋、建て替え前の旧倉敷駅、阿智神社、美観地区（参照138,147頁）、児島競艇場、下津井城跡など。脚本は岡山出身の内田栄一で、倉敷アイビースクエア（参照150頁）では特別出演の野坂昭如が『黒の舟歌』を唄う。

真鍋島の自然を背景に野球を通じた触れ合いを描く

『瀬戸内少年野球団』 1984(昭和59)年　■ロケ地＝笠岡市真鍋島

終戦直後の淡路島を舞台に、若い女教師（夏目雅子）と島の子どもたちの触れ合いを描いた作品。ロケは主に真鍋島（参照154頁）で行われた。原作は作詞家・阿久悠の自伝的小説。女教師は子どもたちに野球を教え、それぞれの思いを抱きながら練習に打ち込み、やがて進駐軍との対戦を迎える。

原爆の悲劇を描いた名作

『黒い雨』 1989(平成元)年　■ロケ地＝備前市吉永町八塔寺ふるさと村

原爆の後遺症に苦しみながら戦後を生きる被爆者の姿とそれを取り巻く山村の日常を、モノクロームの映像で描く。原作は広島県を舞台にした井伏鱒二の同名小説で、監督は今村昌平、主演は田中好子。八塔寺ふるさと村が主なロケ地となり、地元が全面協力した。

町医者の奮闘ぶりをユーモラスに描く

『カンゾー先生』 1998(平成10)年　■ロケ地＝瀬戸内市牛窓町

ラジオで水島空襲のニュースが流れる太平洋戦争末期を背景に、カンゾー先生（柄本明）とあだ名される町医者の奮闘ぶりが、民衆の悲喜劇や脱走捕虜との交流を織り混ぜながら描かれる。原作は坂口安吾の『肝臓先生』と『行雲流水』だが、舞台は伊豆の伊東から岡山の玉野市日比(ひび)地区に変更されている。またロケは主に瀬戸内市牛窓町で行われ、旧牛窓町役場が診療所として使われた。

少年たちの成長を描く青春映画

『バッテリー』 2007(平成19)年　■ロケ地＝高梁市、美作市ほか

主人公（林遣都）は岡山県北の田舎町に引っ越してきた少年野球の天才投手。傲慢で繊細なこの主人公が、周囲と衝突しながらも野球を通じて仲間や家族との絆を深め、ライバルに挑むまでを描く。原作は美作市出身の作家・あさのあつこ（参照113頁）のベストセラー小説。撮影は高梁市を中心に全編県内ロケで行われた。

岡山市を舞台に繰り広げられる少女たちの友情劇

『でーれーガールズ』 2015(平成27)年　■ロケ地＝岡山市

「でーれー」は岡山弁で「ものすごい」という意味。1980年と現代という２つの時代に岡山市を舞台に繰り広げられた、２人の女性の青春と友情を描く。優希美青、足立梨花のダブル主演。原田マハ（参照113頁）の同名小説を映画化したもので、撮影は全編県内ロケで行われた。鶴見橋や奉還町商店街など、岡山市民にはおなじみの場所が随所に見られる。

「号泣する実話」として話題が広がる

『8年越しの花嫁　奇跡の実話』 2016(平成28)年　■ロケ地=岡山市、倉敷市、浅口市

結婚式の直前に花嫁が突然の病に倒れて意識不明となり、新郎は昏睡状態になった花嫁を8年間待ち続けた。岡山在住のあるカップルに起きた実話を映画化。恋人を支え続けて彼女を思い続ける男性役を佐藤健、病と闘う女性役を土屋太鳳が演じた。

オール岡山ロケで、胸キュンラブを展開

『ういらぶ。』 2018(平成30)年 ■ロケ地:岡山市、吉備中央町、高梁市

累計発行部数180万部を突破した星森ゆきもの人気コミック「ういらぶ。 初々しい恋のおはなし」を実写映画化。元King & Princeの平野紫耀が主演で、ヒロインは岡山県出身の桜井日奈子が務めた。撮影は全編県内ロケで行われた。

司馬遼太郎原作のベストセラーを完全映画化

『燃えよ剣』 2021(令和3)年 ■ロケ地=高梁市、真庭市、岡山市、津山市

激動の幕末を描いた司馬遼太郎による歴史小説を、「関ヶ原」の原田眞人監督・岡田准一主演のコンビで映画化。高梁市の観光地、吹屋ふるさと村のメイン通りに砂をまくなどして、大規模なロケを実施した。

ベストセラー小説の映画化

『とんび』 2022(令和4)年 ■ロケ地=浅口市、笠岡市、瀬戸内市、倉敷市、備前市、美咲町、玉野市、岡山市

岡山県出身の作家・重松清原作のベストセラー小説「とんび」を、『8年越しの花嫁』の瀬々敬久監督がメガホンを取り、阿部寛、北村匠海の共演で映画化。浅口市金光町大谷地区では1カ月におよぶ美術装飾を施してから、1週間も町を封鎖して大規模なロケを実施した。

「恋の定義」を巡って論争を繰り広げる恋愛映画

『恋は光』 2022(令和4)年 ■ロケ地=岡山市、倉敷市、高梁市、真庭市、井原鉄道

集英社「ウルトラジャンプ」で連載された秋☆枝の同名コミックを、神尾楓珠主演で西野七瀬、平祐奈、馬場ふみかの若手俳優が集結して映画化。撮影は全編県内ロケで行われた。第14回TAMA映画賞「特別賞」、第44回ヨコハマ映画祭「作品賞」「監督賞」「最優秀新人賞」など、数多くの賞を受賞。

岡山が舞台の大人気コミックを映画化

『劇場版 推しが武道館いってくれたら死ぬ』 2023(令和5)年 ■ロケ地=岡山市

岡山県出身の漫画家・平尾アウリの累計発行部数100万部超えの大人気コミック「推しが武道館いってくれたら死ぬ」を実写映画化。岡山市北区の表町商店街や西川緑道公園、路面電車など、岡山らしい場所で撮影が行われた。

■「男はつらいよ」シリーズ

寅次郎が高梁にやって来た

第8作『寅次郎恋歌』 1971(昭和46)年　■ロケ地＝高梁市

寅次郎（渥美清）は義弟の母親の葬儀で高梁にやって来る。場違いな言動で顰蹙（ひんしゅく）を買うが、持ち前の明るさで残された父親の心を癒す。ロケは石火矢町（いしびや）ふるさと村や寿覚院（じゅがくいん）などで行われ、伯備線（はくび）の線路沿いを歩く場面もある。

タイトルバックに備中国分寺五重塔

第32作『口笛を吹く寅次郎』 1983(昭和58)年　■ロケ地＝高梁市

義弟の父親の墓参に高梁を訪れた寅次郎は、寺の娘に一目惚れ。婿養子になって寺を継ぐ決意で柴又（しばまた）に帰り、帝釈天（たいしゃくてん）で修行を始めるが、文字通り三日坊主に終わってしまう。薬師院を中心に高梁市内各所でロケが行われ、また冒頭のタイトルバックには総社の備中国分寺五重塔も使われている。

誘致活動で津山ロケが実現

第48作『寅次郎紅の花』 1995(平成7)年　■ロケ地＝ 津山市、真庭市ほか

寅次郎の甥・満男が、津山に現れて初恋の相手の結婚式をぶち壊し、岡山からブルートレインに乗って鹿児島へと向かうという物語。地元の誘致活動が実を結んで津山ロケが実現した。タイトルバックでは寅次郎が勝山の蔵元で地酒の味見をして酔っぱらい、津山の祭りで消火器を売って消防団員に見とがめられる。ロケはこのほか因美線（いんび）の美作滝尾駅、鶴山公園、城東屋敷などで行われた。

■横溝ミステリー →参照114頁

六島や真鍋島がロケ地に

『獄門島（ごくもんとう）』 1977(昭和52)年　■ロケ地＝笠岡市六島（むしま）ほか

戦後間もない1946（昭和21）年、依頼を受けて笠岡から船で獄門島に渡った金田一耕助（石坂浩二）が、連続殺人事件に遭遇、やがて寺の枕屏風（まくらびょうぶ）に書かれた3つの俳句が連続殺人を予告していたことに気づく。獄門島のモデルは笠岡諸島の六島とされ、ロケも六島を中心に真鍋島（まなべ）や笠岡港などで行われている。

「たたりじゃあ」の台詞が流行

『八つ墓村』 1977（昭和52）年 ■ロケ地＝新見市満奇（まき）洞、高梁市成羽町ほか

天涯孤独の青年（萩原健一）が、新見市の山村にある旧家から当主の異母弟として迎えられ、三十数億円の山林資産を相続する。だが村には戦国時代の陰惨な言い伝えがあった。「たたりじゃあ」というセリフで知られ、渥美清が金田一耕助を演じる。満奇洞（参照170頁）、神庭（かんば）の滝（参照173頁）、広兼（ひろかね）邸（参照157頁）などでロケが行われた。1996年、豊川悦司の主演でリメイクされている。

広兼邸

廃線前の下津井電鉄も登場

『悪霊島（あくりょうとう）』 1981（昭和56）年 ■ロケ地＝倉敷市下津井（しもつい）ほか

人捜しを頼まれて瀬戸内海の刑部（おさかべ）島に渡った金田一耕助（鹿賀丈史）は、双生児の家系をめぐる24年前の秘密を解き明かすことになる。ロケは廃線になる前の下津井電鉄、下津井港、鷲羽山（わしゅうざん）（参照152頁）などで行われ、また架空の刑部島へ渡るフェリー乗り場として笠岡港が使われている。

問題

問1　津山市出身の俳優で、2000年に「仮面ライダークウガ」の主人公を好演。「あずみ」「パッチギ！」などの話題作へ出演したのは誰か。

1　甲本ヒロト　　2　稲葉浩志　　3　オダギリジョー

問2　岡山県内で映画のロケが行われていないのはどれか。

1　テルマエ・ロマエ　　2　バッテリー

3　ALWAYS三丁目の夕日

問3　原田マハの岡山市を舞台にした小説が原作で、平成27年に公開された映画の題名はどれか。

1　ぼっけえガールズ　　2　でーれーガールズ

3　もんげーガールズ

【問1】3　【問2】1　【問3】2

11. スポーツ

戦前に活躍した岡山出身のスポーツ選手としては陸上の人見絹枝がおり、戦後では野球の星野仙一がいる。1965（昭和40）年には岡山東商業が選抜高校野球大会で全国優勝を果たし、エースの平松政次はプロ野球でも201勝を挙げた。また体操の森末慎二、マラソンの有森裕子らが世界を舞台に活躍し、2010年にはフィギュア・スケートの高橋大輔がバンクーバー・オリンピックで銅メダルを獲得した。岡山県内に本拠地を置くスポーツチームでは、天満屋女子陸上競技部はオリンピックや世界陸上のマラソン種目で入賞する選手を輩出、女子バレーボールの岡山シーガルズは国内のトップリーグで活躍しており、男子サッカーのファジアーノ岡山は2009年にJリーグ入りを果たした。2015年11月から、中四国では最大規模の「おかやまマラソン」が岡山市で開催されている。2023年1月には、「全国高校サッカー選手権大会」で岡山学芸館高校が初優勝を飾った。岡山県代表チームが高校サッカー日本一に輝くのは史上初。

岡山ゆかりの主なスポーツ選手・チーム

■体操

ロスオリンピックで金メダル

森末慎二（もりすえしんじ） ■1957(昭和32)年〜

岡山市出身。関西（かんぜい）高校から日体大を経て紀陽銀行に入る。1984年のロサンゼルス・オリンピックでは、鉄棒で10点満点を出して金メダルを獲得したほか、跳馬で銀、団体で銅。引退後はテレビタレントとして活躍。

■水泳

引退後はタレントとして活躍

木原光知子（美知子）（きはらみちこ） ■1948(昭和23)年〜2007(平成19)年

兵庫県に生まれ、岡山市で育つ。山陽女子高校1年生のとき、史上最年少（当時）で東京オリンピックに出場、メドレーリレーで4位に入賞。現役引退後は芸能界で活躍し、スポーツ選手のタレント転身に先鞭をつける。

■陸上

人見絹枝 →参照134頁

有森裕子 →参照134頁

オリンピックに連続出場
天満屋女子陸上競技部

1992年創設。岡山市を拠点に活動し、女子長距離走・マラソンランナーを輩出、鮮やかなピンク色のユニフォームをトレードマークに駅伝でも活躍を続ける。2000年シドニー・オリンピックでは山口衛里(えり)、2004年アテネ・オリンピックでは坂本直子が、マラソン種目でともに7位入賞。2008年北京オリンピックには中村友梨香、2012年ロンドン・オリンピックには重友梨佐、2021年開催の2020年東京オリンピックには前田穂南が出場した。また2010年の全日本実業団対抗女子駅伝では初優勝を果たした。

■フィギュア・スケート

鮮やかなステップと表現力で男子スケート界を牽引
高橋大輔(たかはしだいすけ) ■1986(昭和61)年〜

倉敷市出身。小2からスケートを始める。2002年世界ジュニア選手権で日本人男子として初優勝。倉敷翠松高校から関西大学に進み、2006年トリノ・オリンピック8位、2010年バンクーバー・オリンピック銅メダル、世界選手権優勝、2014年ソチ・オリンピック6位。いったん現役を引退したが復帰し、その後、アイスダンスのカップルを結成し、2023年世界選手権に出場。日本勢過去最高に並ぶ11位に入ったが、現役引退を発表した。

北京冬季五輪フィギュアスケート団体で銅メダル
小松原美里(こまつばらみさと) ■1992(平成4)年〜

備前市出身。2016年に夫でパートナーの尊(たける)選手とカップルを結成し、アイスダンス競技で活躍。2022年の北京冬季オリンピックではフィギュアスケート団体の主将を務め、団体3位となる成績を残した。

■スキー

冬季パラリンピック7大会に連続出場

新田佳浩（にった よしひろ） ■1980(昭和55)年〜

英田郡西粟倉村出身。障がい者ノルディックスキー選手で、種目はクロスカントリースキー、バイアスロン。冬季パラリンピック1998年長野から2022年北京まで7大会に連続出場。1998年長野で初出場。2002年ソルトレイクシティで銅メダル。2010年バンクーバーでは日本選手団の主将を務め金メダル2個。2014年ソチで4位。2018年平昌で金メダルと銀メダルを各1個獲得。2022年北京では7位。「レジェンド」とも呼ばれる。

■バレーボール

プレミアリーグで活躍

岡山シーガルズ

岡山市に本拠地を置くクラブチームで、バレーボールの国内トップリーグで活躍。2002年から国体の成年女子バレーボール6人制で5連覇。シーガルは英語でカモメのこと。

■プロ野球

日本代表チームの監督も

星野仙一（ほしの せんいち） ■1947(昭和22)年〜2018年(平成30年)

倉敷市出身。倉敷商から明治大学を経てドラフト1位で中日に入団し、通算146勝を挙げる。監督としては中日で2度、阪神で1度のリーグ優勝を果たし、2008年に北京五輪日本代表監督に就任。2011年楽天ゴールデンイーグルスの監督になり，2013年に日本シリーズ制覇を達成。

カミソリ・シュートを武器に活躍

平松政次（ひらまつ まさじ） ■1947(昭和22)年〜

高梁市出身。岡山東商のエースとして1965年春の選抜甲子園大会に優勝。社会人を経て大洋に入団、切れ味鋭いカミソリ・シュートを武器に通算201勝を挙げる。

犠打の世界記録をもつバントの職人

川相昌弘（かわい まさひろ） ■1964(昭和39)年～

高梁市出身。岡山南高校のエースとして甲子園大会に出場し、巨人で二番・ショートとして活躍した後、中日へ移籍。バントの名手として犠打の世界記録をもつほか、６度のゴールデングラブ賞を獲得。

オリンピック金メダリスト

山本由伸（やまもとよしのぶ） ■1998(平成10)年～

備前市出身。2017年からオリックス・バファローズに所属。2021年東京オリンピックで日本代表として出場し、金メダルを取得。2022年には、日本野球機構(NPB)史上初となる2年連続の投手5冠を達成。2023年のワールドベースボールクラシック（WBC）でも日本代表として活躍し、チームの優勝に貢献した。

■プロゴルフ

20歳で優勝したスマイル・シンデレラ

渋野日向子（しぶのひなこ） ■1998(平成10)年～

岡山市出身。2019年の国内メジャー「ワールドレディスサロンパスカップ」でツアー初優勝。同年に、20歳で海外初挑戦となる全英女子オープンで優勝。日本人女子選手として、42年ぶりに２人目となるメジャー制覇を果たした。大会中は話題の人となり「スマイル（スマイリング）・シンデレラ」と呼ばれた。

■卓球

ジーンズのリベットが名前の由来

岡山リベッツ

岡山を拠点とする卓球のクラブチーム。2018年秋に開幕したTリーグに所属。岡山県の特産であるジーンズのリベットが名前の由来。

Close UP 女子ランナーの系譜：人見絹枝と有森裕子

人見絹枝像

岡山県が輩出したスポーツ選手の中でも、人見絹枝（ひとみきぬえ）〔1907（明治40）年～1931（昭和6）年〕が残した業績は群を抜いて輝いている。岡山市生まれの人見は岡山高女在学中に走り幅跳びの日本記録をマークし、二階堂女塾（現・日本女子体育大）へ進んで本格的に陸上に取り組んだ。まだ国内に女性スポーツへの偏見があった時代に、彼女は短距離や幅跳びなどで何度も世界記録を樹立し、投擲（とうてき）種目もこなす万能選手だった。1928年のアムステルダム・オリンピックでは、初めて出場した800メートルでドイツ選手と激しいデッドヒートを繰り広げて銀メダルに輝く。これはオリンピックで日本の女子選手が初めて獲得したメダルである。また人見は女子選手のオリンピック参加に向けて合宿費用を工面し、参加費用の集め方を提案するなど、女子アスリートの先駆者として後進の育成にも力を注いだ。肺結核のため24歳の若さで死去。彼女が世界大会で活躍したチェコのプラハには、その功績をたたえる碑が建てられた。

有森裕子像

人見と同じく岡山市に生まれた有森裕子（ありもりゆうこ）〔1966（昭和41）年～〕も、女子マラソン界に一時代を築いたランナーだ。有森は就実（しゅうじつ）高校から日体大を経てリクルートに入社し、小出義雄の指導を受けた。1992年のバルセロナ・オリンピックでは、日本の女子陸上で人見以来のメダルとなる銀メダル、続くアトランタ・オリンピックでは銅メダルを獲得。オリンピックで2大会連続のメダル獲得は日本女子陸上では初めてとなる快挙だった。またアトランタでの「自分で自分をほめたい」というコメントは流行語になった。

■サッカー

「なでしこリーグ」でトップ争いも

岡山湯郷（ゆのごう）Belle（ベル）

Belle（ベル）とはフランス語で「美人」を意味する。2001年創設、本拠地は美作市。2007年に決勝が行われた全日本女子サッカー選手権大会では準優勝、2014年レギュラーシリーズで初優勝を果たした。

地域に根ざしたクラブチーム
ファジアーノ岡山FC

岡山市を本拠地とするクラブチーム。ファジアーノ（fagiano）とはイタリア語で岡山の県鳥キジを意味する。2009年にJリーグに加盟した。

黄色がチームカラー
吉備国際大学Charme岡山高梁

高梁市を本拠地とするクラブチーム。Charmeとはフランス語で「友愛」や「魅力」を意味する。

■バスケットボール

ブルーとオレンジがチームカラー
トライフープ岡山

岡山市と津山市をホームタウンとし「B3リーグ」に所属しているプロバスケットボールチーム。2015年に3人制バスケットのプロリーグ「3×3.EXEPREMIER」に参入して「トライフープ岡山.EXE」を発足。2018年には5人制チームを設立した。チーム名は、フープ（HOOP＝ゴール）に向かって挑戦（TRY）し続けることや地域や人々をつなげる輪（HOOP）となるという意味がある。チームカラーはブルーとオレンジ。

主なスポーツ施設

充実した設備でスポーツを推進
岡山県総合グラウンド　■岡山市北区いずみ町

2005年の岡山国体を機にリニューアルされ、スタジアム（陸上競技場）、アリーナ（体育館）、野球場、プール、テニスコート、武道館など種々のスポーツ施設が整備されている。ネーミングライツにより、スタジアムは2015年から「シティライトスタジアム」、アリーナは2015年から「ジップアリーナ岡山」の名称を使用。

グラウンド内には国指定史跡の津島遺跡があり、スタジアム内の遺跡＆スポーツミュージアムにはその発掘品が展示されている。また岡山が生んだ世界的な女子アスリートの人見絹枝と有森裕子に関連する品々も展示されている。

岡山県の野球のメッカ

マスカットスタジアム（岡山県倉敷スポーツ公園野球場）　■倉敷市中庄

倉敷市の倉敷スポーツ公園内にあり、両翼99.5メートル、中堅122メートルの広さと3万494人の収容能力を持つ天然芝の本格的なスタジアム。1995年に完成し、一般公募で「マスカットスタジアム」という愛称に決まった。高校野球や社会人野球など岡山県下の野球のメッカであるとともに、毎年プロ野球の公式戦も開催されており、1999年にはオールスターゲームも行われた。

5面のグラウンドは西日本でも屈指

岡山県美作ラグビー・サッカー場　■美作市入田

天然芝2面、土1面、人工芝2面（うち1面ナイター設備有）と、合計5面のグラウンドを持つ西日本屈指の施設。メインのグラウンドには5000人収容のスタンドを備え、2002年の日韓W杯ではスロベニア代表チームのキャンプ地となった。なでしこリーグで活躍する岡山湯郷Belle（参照134頁）の本拠地。

Close UP おかやまマラソン

「おかやまマラソン」は2015年から毎年11月に開催されている市民参加型のマラソン大会である。フルマラソンのコースは、岡山県総合グラウンド体育館前をスタートし、文化施設や名勝地が集まるカルチャーゾーンから桃太郎大通りに入って市役所筋を南へと走る。そこからさらに南下した岡山市郊外の干拓地で折り返し、復路は児島湖の北側から旭川の東岸に渡って北上する。最後は後楽園を左手に見ながら新鶴見橋を渡って往路に戻り、ゴールの岡山県総合グラウンド陸上競技場を目指す。日本陸連の公認も取得している。上位入賞者や完走者には備前焼のメダルが贈られる。フルマラソンには一般枠と県内在住者の優先枠があり、約1万5000人が出場する。

フルマラソンの他に5.6キロメートルのファンラン部門が設けられている。オリンピックの女子マラソンで2大会連続のメダルを獲得した岡山市出身の有森裕子が、スペシャルアンバサダーを務めている。

おかやまマラソンスタート風景

III

観　光

1. 岡山の観光

倉敷美観地区

岡山県は「降水量１ミリ未満の日が日本一多い」ことなどから、平成元年より「晴れの国おかやま」をキャッチフレーズとして広報活動を行っている。

県南部は多島美に彩られた瀬戸内海に面しており鷲羽山や笠岡諸島など景勝地も多い。岡山後楽園や倉敷美観地区もよく知られている。中部には吉備高原が広がり、豪渓や井倉洞など自然美を堪能できる。北部は中国山地を擁し蒜山高原や美作三湯と呼ばれる温泉地が有名である。

岡山県の観光入込客数は、令和元年は1692万人で、前年比117.3%だった。県内と県外の観光客の割合は、ほぼ県内が４割、県外が６割であり、県外では近畿地方からの観光客が約４割、中国地方からが約３割、四国地方からが約１割を占めている。

最も観光入込客数が多いのは倉敷美観地区で約328万人。２位から５位までには、後楽園・岡山城周辺、蒜山高原、玉野・渋川、吉備路が続く。このほか、児島・鷲羽山、津山・鶴山公園、笠岡・笠岡諸島、美作・湯郷温泉、JR岡山駅周辺がトップ10入りしている。（令和元年岡山県観光客動態調査）

【 岡山エリア 】

多彩な文化施設が集まる
岡山カルチャーゾーン ■岡山市城下周辺

岡山城や後楽園を中心とするエリアには多数の文化施設が集まっており、「岡山カルチャーゾーン」と呼ばれる。岡山県立美術館（参照56頁）、岡山市立オリエント美術館（参照56頁）、林原美術館（参照139頁）、夢二郷土美術館（参照54頁）、岡山県立博物館（参照60頁）、岡山県立図書館、岡山県天神山文化プラザ、岡山シンフォニーホール、ルネスホール（参照81頁）、岡山市民会館などがほぼ１平方キロメートルの範囲内に集中している。

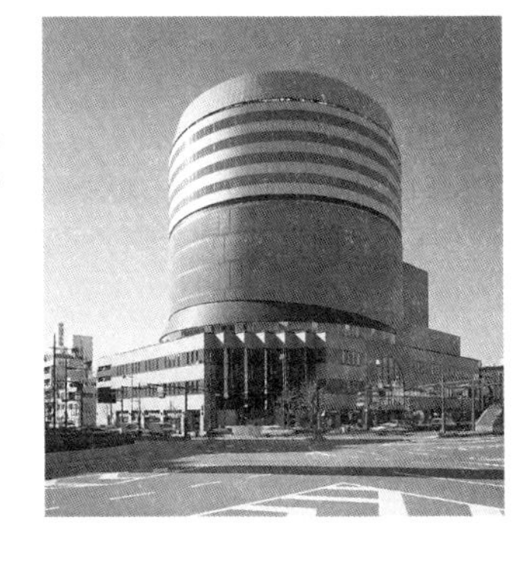

歴史家・磯田道史監修でリニューアル

岡山城（城跡＝国指定史跡）■岡山市北区丸の内ほか

宇喜多秀家（参照33頁）が８年をかけて1597（慶長２）年に完成させた。1945（昭和20）年の空襲で天守閣などを焼失し、戦後再建。日本100名城（2006年日本城郭協会）の一つで、漆黒の外観から「烏城」あるいは「金烏城」とも呼ばれる。2022年に「令和の大改修」を終えて、リニューアルオープンした。監修を岡山市出身の歴史家・磯田道史氏が担当。映像や体験型展示を充実させ、お城を中心に発展してきた岡山の歴史を分かりやすく紹介しているほか、体感しながら楽しめるコーナーもあり、国内外からたくさんの人が訪れている。

世界に誇る大名庭園

後楽園（国特別名勝　国指定史跡）■岡山市北区後楽園

金沢の兼六園、水戸の偕楽園とともに日本三名園の一つとされる。1687（貞享４）年に、岡山藩主・池田綱政（参照40頁）が家臣の津田永忠（参照40頁）に命じて築庭させ、1700（元禄13）年には現在の外形ができ上がった。

後楽園周辺は桜の名所として知られるほか、園内には約100本の梅や約3000株のハナショウブが植えられ、また、タンチョウも飼育されている。（参照187頁）

東洋古美術の逸品と過ごす静謐なひととき

林原美術館　■岡山市北区丸の内

岡山藩主・池田家伝来の調度品や能装束、屏風、刀剣、書画などを中心とする収蔵品は、優れた東洋古美術品ばかり。特に能装束は質量ともに日本随一。備前刀２振が国宝となっているほか、重要文化財も数多い。岡山城二の丸対面所跡に建ち、正面の長屋門は、明治時代に移築した池田藩の支藩・生坂藩のもの。

石山城―岡山城の前身

備前国の西半分を領有して戦国大名に成長した宇喜多直家(参照28頁)は、主君の浦上宗景から自立し、岡山平野への進出を図った。そして平野中央の小山にある石山城に目をつけると城主・金光氏を謀殺し、その居城を奪う。備前国を制覇した直家は城郭と城下の整備に着手し、これが現在の岡山城の前身となった。当時の本丸跡は現在の山陽放送北東の小高い丘（駐車場）付近と考えられ、城跡にはRSKホールディングス本社や岡山市民会館などが建っている。

新たな岡山城と歴代城主

直家の跡を継いだ息子の秀家（参照33頁）は、太閤豊臣秀吉の指示を受け、それまでの石山城を取り込む形で新たな城郭建設に着手する。備前・美作57万石にふさわしい三層六重の本丸が築かれ、岡山城と改名された。

秀家が1600（慶長5）年の関ヶ原合戦に敗れた後、岡山城の城主は小早川秀秋、池田忠継・忠雄兄弟、池田光政（参照38頁）とめまぐるしく代わり、光政の家系が明治維新まで継承した。明治時代に天守、塩蔵、月見櫓、西丸西手櫓、石山門を残すだけとなり、さらに戦災を免れたのは月見櫓と西丸西手櫓のみで、他は戦後になって再建されたものである。

岡山城月見櫓（国指定重要文化財）

池田忠雄が城主のときに新造されたといわれる。忠雄は姫路城を築いた池田輝政の子であるためか、月見櫓は姫路城の手法を取り入れているとされる。軍事施設ではあるが、2層目の南面と東面には手すり付きの縁もあり、月見の宴にも使われていた。

岡山城西丸西手櫓（国指定重要文化財）

旧内山下小学校の敷地一帯が西丸の跡で、西手櫓はその西端に位置している。1603（慶長8）年、備前28万石を賜った池田忠継の兄・利隆が在城したころに建てたという。桃山時代の城郭建築を代表する建物で、池田光政が隠居所にしていた。

古代吉備の息吹にふれるパワースポット

吉備津神社（本殿及び拝殿＝国宝、北随神門・南随神門・御釜殿＝国指定重要文化財、回廊＝県指定重要文化財） ■岡山市北区吉備津

吉備の中山の西麓にあり、吉備津彦命が祀られている。数度の焼失の後、室町幕府の三代将軍・足利義満の命により1425（応永32）年に本殿が再建された。これは比翼入母屋造の大屋根をもつ国宝で、吉備津造とも呼ばれる。境内にある南随神門（1357年）は県内最古の神社建築。

また鳴釜の神事で知られる御釜殿は、江戸時代の『雨月物語』に取り上げられるなど古くから有名で、国の重要文化財に指定されている。吉備津神社はボタンやアジサイの名所でもある。

県下三大祭りの一つ

春季・秋季大祭七十五膳据神事

吉備津神社で5月と10月の第2日曜日に実施。御供殿から回廊を通って本殿まで75の膳を次々に運んで献供し、祝詞と神楽で神々を慰めるというもの。膳は御盛相と呼ばれる円筒形の盛飯や山海の幸から成る。県下三大祭りの一つ。

初詣の参拝客数は県下一

最上稲荷 ■岡山市北区高松稲荷

岡山県下で初詣の参拝客が最も多いことで知られ、参道の入り口には、高さ27.4メートルの大鳥居が建っている。もともと妙教寺の鎮守堂で、自在な通力を有する狐精の荼枳尼天を稲荷権現として祀っている。明治維新の神仏分離令のあとも以前の姿をとっており、稲荷信仰によって栄えた。

■足守地区

足守地区は、豊臣秀吉の正室ねね（おね）の実兄・木下家定から数えて270年間栄えた足守藩2万5000石の陣屋町である。江戸時代の伝統的家屋の姿をとどめる町家が100戸あまり残り、町人町であった中心地区は県の町並み保存地区（参照158頁）に指定されている。また足守には白樺派の歌人木下利玄の生家（県指定史跡）が残るほか、緒方洪庵（参照41頁）の生誕地でもある。

木工芸や陶芸体験も
足守プラザ ■岡山市北区足守

町並み保存地区の中ほどにある、情報発信と各種体験のための施設。情報コーナーやギャラリー、木工芸や陶芸が体験できる工房などがある。

池畔の風景が美しい
近水園（県指定名勝） ■岡山市北区足守

近水園は足守藩主の木下家が築いた池泉回遊式庭園。足守川の水を引いた池に亀島と鶴島が配置され、池畔には数寄屋造の吟風閣が建っている。４月上旬には一帯が桜祭りの会場となり、秋には紅葉も楽しめる。

園内の一角には岡山市立歴史資料館足守文庫があり、ねね愛用の品や木下家と旧藩主に関する古文書、遺品などが展示されている。

家老屋敷のたたずまいを残す
旧足守藩侍屋敷遺構（県指定重要文化財） ■岡山市北区足守

足守藩の国家老・杉原家の屋敷。白壁の長屋門と土塀に囲まれた江戸中期の建物で、家老屋敷のたたずまいがほぼ完全に近い形で残されている。平成14年には「差し葺き」と呼ばれる技法で母屋の茅葺き屋根が修復された。

醤油醸造の商家の造り
旧足守商家藤田千年治邸 ■岡山市北区足守

江戸末期の代表的な商家の建物。明治以降に手が加えられ、本瓦葺き入母屋２階造で、壁には漆喰が塗られている。藤田千年治は足守で醤油造りを始めた人物で、内部には当時の醤油醸造の様子が再現されている。

Close UP 西川緑道公園・枝川緑道公園

岡山市の中心部を南北に流れる用水沿いに、緑の帯が連なる都市型公園が整備されている。西川用水とその支流の枝川用水は、江戸時代初めの岡山藩主・池田忠雄が城下町と農村部との境界線として掘らせたもので、農業用水や飲用水、城下町の防御などに重要な役割を果たしていた。

この用水沿いに、1974（昭和49）年から1983（昭和58）年春までの足掛け10年を費やして完成したのが西川緑道公園・枝川緑道公園だ。当時の岡山市長・岡崎平夫が、「緑と花・光と水」という市政運営のコンセプトに基づき、用地買収に資金を投ずることなく整備できる都市型公園として推進した。

水上テラス

総延長2.4キロ、総面積約4ヘクタールの敷地には、公園のシンボルでもある柳を中心にクロガネモチ、サルスベリなど約100種類3万8000本の樹木が植えられている。噴水や水上広場といった施設に加え、長崎平和祈念像で知られる北村西望の作品など多くの彫像が置かれている。また、切り出されたものの城壁には使われなかった残念石や戦争の記憶が残る田町橋も含め、歴史的背景や地域社会との関わりを大切にしながら、人と水の触れ合う空間を演出した憩いの場として、岡山市が全国に誇る公園といえるだろう。

噴水広場

1981（昭和56）年に都市緑化基金が創設された際、西川緑道公園がその最高の栄誉である「第一回緑の都市賞・建設大臣賞」を受賞した。2006年（平成18年）には西川用水が「日本疏水百選」（農林水産省）の指定も受けている。

和風庭園

Close UP 後楽園

江戸時代の庭園美

後楽園は江戸時代を代表する大名庭園で、園内には苔ではなく大量の芝生が広く敷かれており、明るく広々としているのがこの庭園の魅力。旭川の水を引き入れた約640メートルの曲水が配され、一筋の水路が分岐し、また滝となり、池を満たす様が見どころの一つである。

石川県金沢市の兼六園、茨城県水戸市の偕楽園と並び、日本三名園の一つ。1884（明治17）年に池田家から岡山県に譲渡され、一般に公開されるようになった。1945（昭和20）年の空襲では園内の建物の大半が焼失したが、その後復元されて現在に至っている。

1952（昭和27）年には景観の美しさと学術上の価値の高さから特別名勝に指定され、ミシュラン・グリーンガイド・ジャポンでは三つ星の評価を得ている。

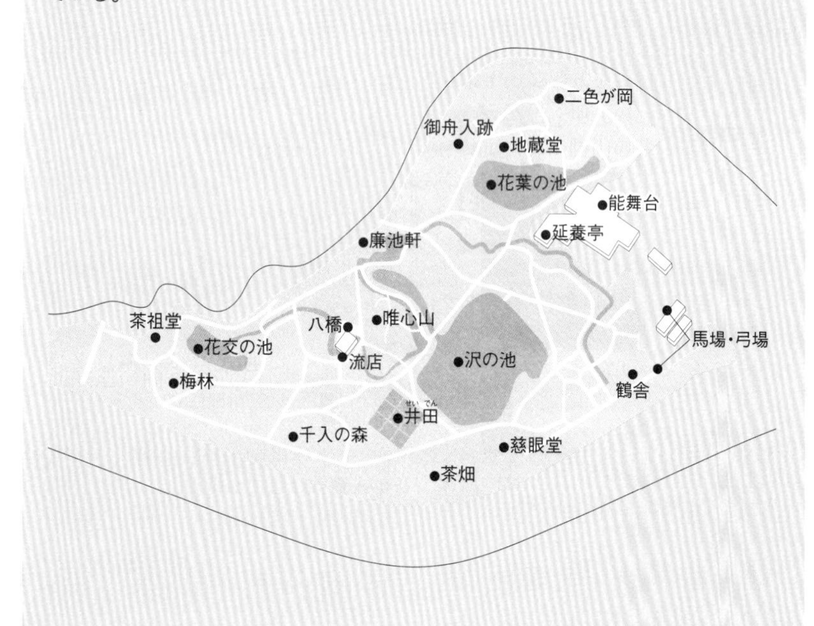

名前の由来

当初後楽園は、園内に田畑が多かったことから「菜園場」と呼ばれていた。また旭川をはさんで岡山城の北、つまり城の後ろ側にあるため、「(御)後園」と呼ばれるようになった。1871（明治4）年、中国・宋時代の書物にある「先憂後楽」（天下の憂いに先んじて憂い、天下の楽しみに後れて楽しむ）という言葉に基づいて作られたと考え、「後楽園」と改称された。1922（大正11）年に国の名勝に指定され、1952（昭和27）年には国の特別名勝の指定を受けた。

廉池軒

主な建物

園内には築山の唯心山（ゆいしんざん）、石灯籠、祠（ほこら）などが配されているほか、様々な目的を持った建物が点在している。観庭のための建物としては廉池軒（れんちけん）や唯心堂があるが、中でも藩主が居間として利用した延養亭（えんようてい）からの眺めは素晴らしい。また水の流れる休憩所の流店（りゅうてん）や利休と栄西を合祀した茶祖堂という茶室もある。観騎亭、観射亭は、それぞれ藩主が家臣の馬術や弓術の上達ぶりを眺める場所だった。能舞台が最初に建てられたのは1707（宝永4）年のことで、藩主の綱政は自ら能を舞って家臣らに見物させることもあった。鶴鳴館（かくめいかん）は戦災で焼失し、現在の建物は1949（昭和24）年に山口県岩国市の吉川邸を購入して移築したものである。

池田継政（つぐまさ）が藩主の時代に、操山（みさお）の中腹に安住院多宝塔が建てられ、借景に点景を添えている。

主な年中行事

- 1月　初春祭
- 2月　芝焼き、松のこも焼き
- 3月　開園記念日（3月2日）
- 4月　栄西茶会、幻想庭園
- 5月　幻想庭園、茶つみ祭
- 6月　お田植え祭
- 7月　観蓮節
- 8月　幻想庭園
- 9月（旧暦8月15日開催）名月観賞会
- 10月　松のこも巻き、菊花大会
- 11月　菊花大会、後楽能、幻想庭園

タンチョウの園内散策（初春祭）

問題

問１　岡山県が、平成元年から県のトータルイメージを表現する言葉として幅広く使っている「晴れの国」について、それを裏付ける気象条件（1991（平成３）年～2020（令和２）年の平均値）として全国１位となっているものはどれか。

　1　降水量１ミリ未満の日の多さ　　2　日照時間の長さ
　3　降水量の少なさ

問２　岡山城内にある建物には、戦災を免れた建物と再建された建物がある。再建されたのはどれか。

　1　月見櫓　　2　天守閣　　3　西丸西手櫓

問３　岡山後楽園について正しい記述はどれか。

　1　広く芝が敷かれた回遊式の庭園である。
　2　園内には吉井川の水を引き入れた曲水が配されている。
　3　藩主が居間として利用したのが鶴鳴館である。

問４　吉備津神社の「鳴釜神事」に関係のある物語はどれか。

　1　今昔物語　　2　平家物語　　3　雨月物語

問５　足守は、江戸時代、陣屋町として栄えたが、足守と関係がないものはどれか。

　1　近水園　　2　木下利玄　　3　作楽神社

問６　西川緑道公園に関する記述で誤っているのはどれか。

　1　用水は、もともと宇喜多秀家が岡山城築城にあわせて掘らせたもの。
　2　「第一回緑の都市賞・建設大臣賞」を受賞している。
　3　西川用水は「日本疏水百選」の指定も受けている。

【問７】近水園は足守藩主の木下家が築いた庭園。近水園の中にある数寄屋造りの建物の名前は？

　1　清涼殿　　2　吟風閣　　3　西爽亭

【問1】1　【問2】2　【問3】1　【問4】3　【問5】3　【問6】1　【問7】2

■倉敷美観地区 ■倉敷市中央、本町周辺

かつて倉敷川は児島湾に出る運河として利用され、この地域は物資が集積する商業の中心地となった。江戸時代には幕府直轄地「天領」となり、大規模な新田開発でさらに発展した。白壁土蔵のなまこ壁や格子窓の町家が軒を連ね、伝統的で美しい街並みが続いて往時をしのばせてくれる。川沿いには、日本で最初の私立西洋美術館の大原美術館や倉敷考古館、倉敷民藝館などの観光スポットも多く、訪れる観光客は県下で最も多い。周辺一帯は、1979年に国の「重要伝統的建造物群保存地区」に選定されている。

大原美術館 →参照150頁

倉敷の文化を牽引（けんいん）してきた大原家

語（かた）らい座大原本邸（旧大原家住宅）（国指定重要文化財） ■倉敷市中央

大原家は幕末期から明治期にかけて大地主へと発展し、倉敷の政治・経済・文化の振興に中心的役割を担った。旧大原家住宅は1796（寛政８）年に建てられ、倉敷格子（こうし）や倉敷窓など、倉敷町家の特色を有し、入母屋（いりもや）風に見える切妻屋根をもつ。

長屋門をもつ商家

大橋家住宅（国指定重要文化財） ■倉敷市中央

新田と塩田開発で財をなした大橋家の住宅は、商家でありながら長屋門を設置しているのが特徴である。主屋（おもや）は本瓦葺の２階建てで倉敷格子、倉敷窓を有し、蔵は土蔵造のなまこ壁になっている。最初の建築は1796（寛政８）年であるが、その後何度か改造されている。

Close UP 倉敷美観地区

倉敷川の川湊として発達した倉敷の中心部は、江戸時代の初めに天領となり、中ごろに代官所が置かれ、陣屋町として発展するとともに、倉敷川から児島湾へ米や綿花などを運ぶ拠点となった。物資の集散地として問屋商人たちが集まり、商業が盛んな町人の町として栄えた。江戸中期の寛政年間になると、新禄（しんろく）と呼ばれる新興豪商が台頭して中心勢力となり、倉敷は自由で活気のある商都として大きく飛躍した。大橋家や大原家はその代表格といえる。

倉敷川の河畔一帯には、本瓦葺き、白壁に黒い張り瓦のなまこ壁、格子窓の町屋が建ち並び、旧大原家住宅や大橋家住宅は今も当時の姿を残し、倉敷民藝館や倉敷考古館は古い蔵を活かした展示スポットとなっている。またこれら日本的な家屋に交じって、大原美術館や倉敷館などをはじめ、紡績産業で繁栄した明治・大正期をしのばせる洋風建築も建っているが、両者は対立することなく見事なハーモニーを奏で、町のシンボルにふさわしい景観を創りだしている。

この景観を守って後世に伝えるため、倉敷市では1969年に「倉敷市伝統美観地区保存条例」を施行し、さらに1979年には国が美観地区一帯を「倉敷市倉敷川畔重要伝統的建造物群保存地区」に選定した。

倉敷美観地区周辺地図

土蔵を改造した考古博物館
倉敷考古館 ■倉敷市中央

江戸後期に建てられた土蔵造の蔵を改造した考古博物館。美観地区の中でも最も古い建物の一つである。吉備地方を中心に岡山県下で発掘された旧石器時代の出土品を始め、各時代の代表的な考古資料を年代順に展示している。

米蔵を改造した民芸館
倉敷民藝館 ■倉敷市中央

倉敷川沿いの米蔵を改造した民藝館。洋の東西を問わず、庶民の生活の中で使われた焼き物や織物など、衣食住にかかわるあらゆる種類の民芸品を展示している。

役場を改造して観光案内所へ
倉敷館（登録有形文化財） ■倉敷市中央

1917年に倉敷町役場として建てられた擬洋風木造建築。現在は観光案内所となっている。

米蔵を利用して玩具館に
日本郷土玩具館 ■倉敷市中央

米蔵を利用し、日本全国の郷土玩具を展示。ギャラリーなども併設している。

観光客の憩いの場
倉敷アイビースクエア　■倉敷市本町

1889（明治22）年に建てられた倉敷紡績工場を利用したカルチャースペース。児島虎次郎（参照53頁）の作品とオリエント古美術を展示する大原美術館児島虎次郎記念館、紡績産業の発展史を紹介する博物館、陶芸体験のできる工房、ホテルなどがあり、ツタと赤レンガの建物に囲まれた中庭は観光客の憩いの場になっている。

桃太郎の世界を体験
桃太郎のからくり博物館　■倉敷市本町

岡山にゆかりの深い桃太郎を様々な角度から取り上げた博物館。館長はちくわ笛奏者として全国に知られる住宅正人で、古い町屋を借りて2007年にオープンした。資料展示のほかに、鬼退治シアターや鬼ヶ島の洞窟探検の体験も。

Close UP 大原美術館

倉敷の実業家・大原孫三郎（参照45頁）によって1930（昭和５）年に設立された、日本最初の本格的な西洋美術館。大原の援助で渡欧した洋画家児島虎次郎（参照53頁）が収集した西洋絵画の名作を数多く所蔵している。ロダンの彫刻２体が迎えてくれる本館は、薬師寺主計（やくしじかずえ）の設計によるローマ建築様式のデザインである。この本館には、大原美術館を代表する顔ともいえるエル・グレコの「受胎告知」をはじめ、世界画壇に名だたる芸術家の作品と西洋現代美術が一堂に展示されている。

[主な作品]
- モネ「睡蓮（すいれん）」
- ゴーギャン「かぐわしき大地」
- ルノアール「泉による女」
- セガンティーニ「アルプスの真昼」
- モロー「雅歌」

エル・グレコ「受胎告知」

トゥールーズ･ロートレック「マルトX夫人の肖像」
マティス「画家の娘」
ルオー「道化師」
ユトリロ「パリ郊外」
モディリアーニ「ジャンヌ・エビュテルヌの肖像」
ドガ「赤い衣裳をつけた三人の踊り子」

岸田劉生「童女舞姿」

また前庭にロダンの「歩く人」が置かれた分館には近代日本を代表する洋画・彫刻と現代美術などが展示されている。

[主な作品]
関根正二「信仰の悲しみ」
佐伯祐三「広告"ヴェルダン"」
梅原龍三郎「紫禁城」
岸田劉生「童女舞姿」
横尾忠則「ロンドンの４日間」
高村光太郎「腕」

東洋館には、東洋美術にも造詣の深かった児島虎次郎が収集した中国古美術品が並ぶ。このほか工芸館は、バーナード・リーチ、富本憲吉、河井寛次郎、浜田庄司という４人の陶匠の作品を集めた陶器室、棟方志功（むなかたしこう）の作品を集める版画室、染色界の第一人者として活躍した芹沢銈介（せりざわけいすけ）の作品を陳列する染色室で構成されている。

■下津井（しもつい）地区　■倉敷市下津井

下津井はかつて備前岡山の南の玄関口で、昔から風待ち、潮待ちの港として利用された。江戸中期以降には北前船が寄港し、また四国遍路や金比羅（こんぴら）参拝の渡り口としてもにぎわった。漆喰（しっくい）壁やなまこ壁、虫籠（むしこ）窓や格子窓のある商家、ニシン倉などが残されており、岡山県の町並み保存地区（参照158頁）に指定されている。現在は瀬戸大橋のたもとにある県下有数の漁業の町として知られ、下津井たこが名物の一つだ。

江戸の回船問屋を復元

むかし下津井回船問屋 ■倉敷市下津井

江戸時代の回船問屋の建物をできるだけ当時に近い形で復元した資料館。下津井の歴史･文化に関する資料を展示するほか、観光情報、特産品ショップ、ホールなどもある。

瀬戸大橋の眺望が素晴らしい

鷲羽山（わしゅうざん）(国指定名勝) ■倉敷市下津井

児島半島の南端に位置し､多島美を誇る瀬戸内海屈指の景勝地。山頂の鐘秀峰（しょうしゅうほう）に立てば､東の播磨灘から西の水島灘まで見渡すことができる。瀬戸大橋を眺めるのに最適なスポットとしても人気がある。

問題

問１　倉敷市の大原美術館は、日本最初の西洋美術中心の私立美術館といわれ、実業家・大原孫三郎によって設立された。彼の援助のもと、ある人物が渡欧して収集した西洋絵画の名作を数多く所蔵している。ある人物とは次のうちだれか。

1　浦上玉堂　　2　児島虎次郎　　3　坂田一男

問２　現在の総社市出身の建築家で､大原美術館や有隣荘などを設計し､倉敷のまちづくりに大きく貢献をした人物はだれか。

1　磯崎新　　2　前川國男　　3　薬師寺主計

問３　倉敷に関する記述で誤っているものは次のうちどれか。

1　倉敷の中心部は江戸時代の初めに天領となった。

2　カルチャースペースとして利用される倉敷アイビースクエアは元は学校であった。

3　倉敷考古館は江戸時代の後期に建てられた土蔵造の蔵を改造した考古博物館である。

【問1】2　【問2】3　【問3】2

■牛窓（うしまど）地区　■瀬戸内市牛窓町

「日本のエーゲ海」をキャッチフレーズにオリーブやヨットハーバー、ペンション村などで知られる牛窓は、かつては瀬戸内海航路の要港として牛窓千軒といわれるほど栄えた。格子（こうし）窓のある家々が連なる町並みや、三重塔がそびえる本蓮寺（ほんれんじ）（参照154頁）などに往時の繁栄ぶりがしのばれる。江戸時代には朝鮮通信使が寄港した。

江戸庶民の教育の場が日本遺産に
旧閑谷（しずたに）学校（国指定特別史跡、講堂＝国宝、聖廟・閑谷神社・石塀＝国指定重要文化財）　■備前市閑谷

1670（寛文10）年、岡山藩主・池田光政（参照38頁）が津田永忠（ながただ）（参照40頁）に命じ、地主や村役人などの子弟の教育を目的として造らせたのが閑谷学校である。学校の施設は30年あまりの歳月をかけて完成した。

現在も当時のままの建物が多数残っており、講堂は国宝に、聖廟（せいびょう）・閑谷神社・石塀（せきへい）などは国の重要文化財に指定されている。2015（平成27）年には、「近世日本の教育遺産群―学ぶ心・礼節の本源―」として、閑谷学校の経営を支えた田んぼの遺構「井田（せいでん）跡」などとともに、国による第1回の日本遺産に認定された。

聖廟前に植えられている一対の楷（かい）の木は「学問の木」と呼ばれ、紅葉の時期には向かって右が黄色がかった薄紅色に、左は深紅に染まる。また、学房と学校との間には、建物の類焼を防ぐための火除山（ひよけやま）が設けられている。

旧警察署を利用した資料館
牛窓海遊文化館（登録有形文化財）　■瀬戸内市牛窓町

朝鮮通信使の衣装や当時の様子を描いた絵などを展示する資料館。白壁の建物は1887（明治20）年に建てられた旧牛窓警察署本館を利用したもの。現在も祭りのときに町を練り歩くという船形だんじり（県指定重要文化財）なども展示されている。

朝鮮通信使の宿所

本蓮寺（ほんれんじ）（本堂・番神堂等＝国指定重要文化財、三重塔・祖師堂＝県指定重要文化財、境内＝国指定史跡）　■瀬戸内市牛窓町

室町時代に創建された日蓮宗の寺。現在の本堂は法華堂跡に再建したもの。江戸時代には朝鮮国王が徳川幕府に派遣した朝鮮通信使の宿所として使われた。

Close UP 瀬戸の島々

多島美で知られる瀬戸内海の島の数は、約3000（満潮時には海面下になるものも含めて）といわれる。岡山県域にも笠岡諸島や日生諸島など特徴的な島々があり、それぞれの個性が味わえる。

犬島（いぬじま）

岡山市東区宝伝（ほうでん）の沖合約３キロの地点に浮かぶ、岡山市唯一の有人島。古くから花崗岩の産地として知られ、明治から大正にかけては銅の精錬でにぎわった。レンガの煙突がひっそりと立つ精錬所跡や採石場跡が独特の雰囲気を醸し、テレビドラマや映画のロケ地に利用されることも多い。

近年は精錬所跡を利用した「犬島精錬所美術館」や、集落の中で展開される「犬島『家プロジェクト』」など、アートの島としても注目されている。

笠岡諸島

笠岡市沖に浮かぶ大小31の島々からなる。そのうち７島が有人島で、定期船や高速船で巡ることができる。

高島（たかしま）

笠岡諸島の最北端に位置し、古くから瀬戸内海航路の要衝として栄えた。「古事記」や「日本書紀」には神武天皇が滞在したとの記述がある。

白石島（しらいしじま）

古来、風光明媚の地として知られ、全島が国の名勝に指定されている。夏は海水浴客や白石踊（しらいしおどり）（参照89頁）の見学で特ににぎわう。

北木島（きたぎしま）

採石が盛んで、北木石と呼ばれる良質の花崗岩は大坂城や福山城の石垣、明治神宮神宮橋などの造営にも利用されている。流し雛の伝統行事が今に残る。

真鍋島（まなべしま）

源平合戦時など多くの史跡や伝統行事が伝わる。温暖な気候を利用した花の栽培が盛んで、岡山県のふるさと村に指定されている（参照159頁）。映画のロケ地としてもよく利用される。

■玉野（たまの）・渋川（しぶかわ）

県下最大の海水浴場
渋川海岸　■玉野市渋川

白砂青松の美しい海岸線が約1キロ続き、「日本の渚100選」（日本の渚・中央委員会）にも選ばれている。夏には県下最大の海水浴場としてにぎわい、近くには市立玉野海洋博物館（参照60頁）や長さ約900メートルの藤棚で知られる渋川公園がある。

広大な自然を満喫
みやま（深山）公園　■玉野市田井

約200ヘクタールの広さを持つ園内に芝生広場やイギリス庭園などが整備され、桜、梅、椿、ツツジ、モミジなど四季折々の花や紅葉を楽しむことができる。

問1　江戸時代、朝鮮王国が徳川幕府に派遣した朝鮮通信使の宿として使われた寺が瀬戸内市牛窓町にあるが、それはどこか。
　1　安養寺　　2　本蓮寺　　3　余慶寺

問2　「学問の木」として旧閑谷学校のシンボルとなっているのはどれか。
　1　楷の木　　2　銀杏の木　　3　楓の木

問3　玉野市にある県下最大級の海水浴場で、「日本の渚100選」「快水浴場100選」にも選ばれているのはどこか。
　1　沙美海水浴場　　2　渋川海水浴場　　3　宝伝海水浴場

問4　瀬戸内海に浮かぶレンガの煙突がシンボルの島はどれか。
　1　鹿久居島　　2　白石島　　3　犬島

【問1】2　【問2】1　【問3】2　【問4】3

■吉備路風土記の丘 ■総社市、岡山市

総社市から岡山市北西部にまたがる約887ヘクタールが「吉備路風土記の丘県立自然公園」に指定されている。備中国分寺五重塔を囲む田園風景が広がり、毎年4月29日に開催される「吉備路れんげまつり」は多くの人出でにぎわう。

吉備文化発祥の地であるこの一帯には、遺跡や史跡が数多く点在する。巨大な横穴式石室をもつこうもり塚古墳（参照12頁）や、備中国分尼寺跡（びっちゅうこくぶんにじあと）、全国第4位の規模を誇る造山古墳（参照10頁）とそれに次ぐ大きさの作山（つくりやま）古墳（参照10頁）、家形石棺が置かれている江崎古墳（参照13頁）などがある。

また、吉備路を通って総社市スポーツセンターと岡山市北区伊島町を結ぶ吉備路自転車道が整備され、「日本の道100選」（「道の日」実行委員会）に選ばれている。

吉備路のシンボル

備中国分寺五重塔（国指定重要文化財） ■総社市上林

県下唯一の木造五重塔で、吉備路のシンボルとして親しまれている。完成は1844（弘化元）年ごろ。4月29日には、五重塔の初層が特別公開される。

■吹屋地区 ■高梁市成羽町吹屋

高梁市北西部にあり、かつては銅山の町として栄えた。江戸後期から明治、昭和にかけては、赤色顔料ベンガラの一大産地でもあった。

豪商の気概が伝わる整然とした町並み

吹屋ふるさと村（国選定重要伝統的建造物群保存地区）　■高梁市成羽町吹屋

朱色のベンガラ格子と赤銅色の石州瓦の家々が整然と並ぶ町並み。吹屋のベンガラは品質の良さで知られ、陶磁器や建造物などに広く使われた。このベンガラで富を蓄えた商家が宮大工を招き、町全体を統一したコンセプトの下で築いた。そのうちの一軒が郷土館として一般公開されている。また旧片山家住宅はベンガラの製造・販売で財を成した旧宅で、ベンガラ屋の店構えを残す主屋など5棟が2006（平成18）年に国の重要文化財に指定された。明治時代のベンガラ工場を復元し、製造工程を詳しく紹介するベンガラ館もある。

広兼邸（ひろかね）　■高梁市成羽町中野

大庄屋だった広兼氏は、銅山とベンガラの原料となるローハ（硫酸鉄）の製造で巨万の富を得た。その屋敷は城郭を思わせるほど立派な石垣の上に建ち、長大な長屋、櫓（やぐら）門の背後に主屋がそびえている。

西江邸（登録有形文化財）　■高梁市成羽町坂本

戦国時代より山城を守る地侍であった西江家は、江戸初期に武士を捨てて帰農したと伝えられている。江戸時代末期に始まった本山鉱山の経営とローハの製造によって富を築いた。居宅は代官御用所を兼ねており、棟の上にシャチがのった櫓門、ナマコ壁、軽犯罪を裁く簡易白洲（しらす）の置かれた中庭がある。

郷愁を誘う木造校舎

旧吹屋（ふきや）小学校（県指定重要文化財）　■高梁市成羽町吹屋

1900（明治33）年に東校舎・西校舎・旧家事専修学校が、1909（明治42）年に2階建ての本館が竣工。本館、東校舎、東廊下、西校舎、西廊下が県の重要文化財に指定されている。2012（平成24）年に閉校するまで、現役で使用されている小学校の木造校舎としては国内最古とされていた。

2015年から7年におよぶ保存修理工事を終え、2022年4月21日にリニューアルオープンした。

Close UP

町並み保存地区

矢掛の町並み

岡山県では、足守地区（参照141頁）、下津井地区（参照151頁）、勝山地区（参照161頁）など8カ所を「町並み保存地区」に指定している。それぞれ景観の整備が進められ、現在でも観光資源として活用されている(県事業年度：昭和60年～平成20年)。

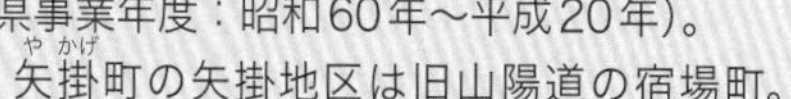

矢掛町の矢掛地区は旧山陽道の宿場町。代々本陣を務めてきた石井家は酒造業も営んでおり、広大な敷地には、御成門・唐破風造の玄関・入母屋造の主屋・酒倉など11棟が建ち並んでいた。近くには脇本陣の高草家が残っており、いずれも国の重要文化財。矢掛宿は国の重要伝統的建造物群保存地区に選定された。

津山城下の城東地区は旧出雲街道沿いの街で、白い土塀の武家屋敷、鉤手状に曲がった道、長屋形式の町屋など、今も江戸時代の建物が残っている。城西地区は旧出雲往来沿いの商家町と寺町からなり、寺院や伝統的な商家が残る。いずれの地区も国の重要伝統的建造物群保存地区に選定された。

城東の町並み

新庄村の新庄地区も旧出雲街道の宿場町として栄えたところで、江戸時代からの脇本陣などが残っている。日露戦争の勝利を記念して植えられた「がいせん桜」が有名。

美作市の古町地区は旧因幡街道の宿場町。数寄屋造の御殿のある本陣や水琴窟のある脇本陣など、100年を超える民家が残っている。

勝山の町並み

倉敷市の玉島地区は、江戸時代の新田開発によって高梁川からの水路が整備され、北前船と高瀬舟の出入りでにぎわった。虫籠窓や格子のある商家、なまこ壁の土蔵などが残っている。

下津井の町並み

玉島の町並み

Close UP

ふるさと村

八塔寺ふるさと村

岡山県では、高梁市成羽町の吹屋ふるさと村(参照157頁)のように、昔ながらの町並みや風物が色濃く残る地域を「ふるさと村」に指定し、景観の整備が進められ現在に至っている（県事業年度：昭和49年～平成12年）。備前市吉永町の八塔寺(はっとうじ)ふるさと村は、かつて山岳仏教の中心地だったところ。茅葺き民家が点在し、それを移築した国際交流ヴィラや民俗資料館もある。鏡野町の越畑(こしわた)ふるさと村にはたたら跡や茅葺き民家、水車小屋などが残っている。津山市阿波の大高下(おおこうげ)ふるさと村にも茅葺きの民家が点在し、のどかな山村のたたずまいを見ることができる。吉備中央町の円城(えんじょう)ふるさと村はかつての門前町で、吉備高原地方の典型的な農村風景が広がっている。高梁市の石火矢町(いしびやちょう)には昔の城下町の町割りがそのまま残り、武家屋敷の土塀が続く。瀬戸内海に浮かぶ笠岡市の真鍋島(まなべ)は、古い漁村の姿を今に伝えている。

真鍋島ふるさと村

石火矢町ふるさと村

問題

問1　高梁市の吹屋地区は、かつて何とベンガラの町として栄えたか。
1　金　　2　銀　　3　銅

問2　江戸時代にベンガラの原料となるローハ（硫酸鉄）の製造で巨万の富を得て、城郭を思わせるほど立派な屋敷を築いたのは何家か。
1　広兼家　　2　大原家　　3　石井家

問3　たたら跡や茅葺き民家、水車小屋などが残っているふるさと村はどこか。
1　八塔寺ふるさと村　　2　越畑ふるさと村
3　円城ふるさと村

問4　全国で唯一、本陣と脇本陣がともに国指定重要文化財として旧姿を残す市町村はどこか。
1　新見市　　2　矢掛町　　3　新庄村

【問1】3　【問2】1　【問3】2　【問4】2

■津山地区

石垣が往時の壮大さを物語る
津山城跡＝鶴山（かくざん）公園（国指定史跡） ■津山市山下

津山城は津山藩初代藩主の森忠政（参照33頁）が、1616（元和２）年に完成させた連郭（れんかく）式の平山城。日本100名城（2006年日本城郭協会）の一つ。現在は公園として整備されており、日本のさくら名所百選（1990年日本さくらの会）にも選ばれ、春には約1000本の桜が咲き乱れる。

江戸初期の大名庭園
衆楽園（しゅうらくえん）＝旧津山藩別邸庭園（国指定名勝） ■津山市山北

津山藩２代藩主・森長継（ながつぐ）が城の北に屋敷を設け、池泉（ちせん）回遊式の庭園を造ったのが始まりとされる。京都の仙洞御所を模して作られたといわれ、風雅な趣が感じられる。1870（明治３）年、最後の藩主・松平慶倫（よしとも）によって衆楽園と名づけられた。

1871（明治４）年の廃藩後は規模が縮小され、1925（大正14）年に津山市に移管された。

現存する扇形機関車庫では国内２番目の大きさ
津山まなびの鉄道館 ■津山市大谷

（岡山県観光連盟提供）

17線構造の扇形機関車庫があり、鉄道に関する資料を展示する博物館。旧津山扇形機関車庫は1936（昭和11）年の建設。現存する扇形庫の中では、京都鉄道博物館にあるものに次ぐ、国内２番目の大きさ。展示13車両のうちの１台は、国産最大最強のエンジンを積んだディーゼル機関車である。

Close UP 津山城(鶴山公園)

美作国18万6500石を領する初代藩主として入府した森忠政（参照33頁）は、宮川が吉井川に合流する鶴山（つるやま）を城地として選び、城郭の建設と城下町の整備に着手した。1616（元和2）年に一応の完成を見た津山城は、壮大な規模を持つ天空の城であった。本丸から三の丸にかけての全ての側壁は石塁が築かれ、石塁の表面は「扇の勾配」といわれる美しい曲線を描いている。5層からなる天守閣は山の最上部にさらに石塁を積み上げた標高147メートルにそびえ、櫓（やぐら）の数は77におよんだ。

森家は1697（元禄10）年に除封（領土を没収）され、越後の松平長矩（ながのり）が入って新しい藩主となり、その家系が明治維新まで存続する。そして1873（明治6）年に廃城が命じられ、翌1874（明治7）年から天守閣をはじめすべての建物は解体され、払い下げられた。現在、本丸などの石垣だけは残され、雄大な城郭の面影を伝えている。

城跡は1900（明治33）年に鶴山（かくざん）公園となり、1963（昭和38）年には国の史跡に指定されている。津山市では津山城築城400年記念事業の目玉として備中櫓の復元整備を行い、2005年に完成した。

■勝山地区　■真庭市勝山

勝山は三浦藩2万3000石の陣屋町で、出雲街道の宿場町や旭川水運の要衝として栄えた。連子（れんじ）格子と白壁の土蔵、古い商家や武家屋敷など、昔の風情が今も残っている。1985（昭和60）年には、県下で初めて町並み保存地区（参照158頁）に指定された。旭川に面した町裏には、高瀬舟の発着場跡が残る。

町の新しいシンボルとなっている「のれん」は草木染で、一軒ずつデザインが異なっている。また3月の「お雛まつり」では160軒を超える民家や商家の軒先に趣向を凝らした雛人形が飾られる。三浦坂と名づけられた石畳の坂道や、醤油蔵を再生した匠蔵なども整備され注目のスポットとなっている。平成21年度「美しいまちなみ大賞」（国土交通大臣賞）に選ばれた。

家老屋敷の土蔵に武具などを展示

武家屋敷館（旧渡辺邸）　■真庭市勝山

旦地区の旧武家屋敷町に、勝山藩の家老格であった渡辺邸が200余年の風雪に耐えて当時の姿をとどめている。武家屋敷館として保存、一般公開され、土蔵を利用して武具や衣類、古文書などを展示している。

陣屋町や商家の資料を展示

勝山郷土資料館　■真庭市勝山

町並み保存地区（参照158頁）の中央にあり、勝山地域を中心とした歴史や文化を紹介。陣屋町や商家に関する資料、民俗資料などが展示されている。

西日本屈指の高原リゾート地

国立公園蒜山（ひるぜん）　■真庭市蒜山

県北西部の蒜山高原は、かつて火山だった蒜山三座のすそ野に広がる標高500メートル前後の扇状地で、夏には避暑、冬にはスキーを楽しめる西日本屈指の高原リゾート地である。

国内に約1万頭いるジャージー牛のうち約2000頭が蒜山高原で飼育されており、のんびりと草をはむ姿は高原のシンボルとなっている。

高原を周遊する約29キロのサイクリングロード沿いには「ひるぜんジャージーランド」があり、レストランではジャージー牛のステーキやチーズ料理が楽しめる。周辺には蒜山ハーブガーデンハービル、初心者でも乗馬が楽しめる蒜山ホースパーク、休暇村蒜山高原、宿泊施設も併設した道の駅蒜山高原などがある。

2021（令和３）年に、建築家の隈研吾氏が設計・監修したCLT（直交集成板）のパビリオン『風の葉』や芸術文化を発信する真庭市蒜山ミュージアム、ビジターセンターやショップなどの施設「グリーナブルヒルゼン」が開設している。

■宮本武蔵　■1584(天正12)年～1645(正保2)年

宮本武蔵は現在の美作市（美作国吉野郡宮本村）の生まれと伝えられる。関ヶ原で西軍に加わった後、武芸者として諸国を修行して二刀流を極め、生涯六十数回の試合に敗れることがなかった。京都での吉岡一門や巌流島での佐々木小次郎との対決が有名。晩年は熊本の細川家に召し抱えられ、自らの極めた兵法を『五輪書』にまとめ、同地で死去。

武蔵の足跡を偲ぶスポット
武蔵の里　■美作市

武蔵の生誕年や出身地、経歴については諸説あるが、美作市大原地区には武蔵ゆかりの場所が多く伝えられている。

- 父の無二斎が大きな茅葺きの家を建てていた生家跡（県指定史跡）
- 生誕地の碑
- 武蔵が村を出て行く際に「これから生まれ変わる」と誓った鎌坂峠
- 神主の打つ太鼓のバチから二刀流のヒントを得たと伝えられる讃甘神社
- 姉のお吟が嫁いだ平尾家
- 武者修行の旅に出るとき、竹馬の友との別れを惜しんで飲んだという逸話の残る一貫清水
- 養子の手で分骨された武蔵の墓

このほか智頭急行線には全国でも珍しいフルネームの人名駅「宮本武蔵駅」がある。また武蔵は武芸だけでなく水墨画にも優れ、『枯木鳴鵙図』『鵜図』などは国の重要文化財に指定されている。

世界に誇るサーキット場
岡山国際サーキット　■美作市滝宮

かつてF1パシフィックGPなどが開催された、現在でも国際レースを開催しているサーキット。観客席からコースまでの距離が近く、カーレースやバイクレースなど猛スピードで抜きつ抜かれつの目まぐるしく迫力あるレースなどを観戦できるのが特徴。国内外から年間20万～30万人が観戦・参戦に訪れる。

■美作三湯

岡山県は北部を中心として温泉にめぐまれている。中でも有名なのが湯原（ゆばら）温泉（真庭市）、湯郷（ゆのごう）温泉（美作市）、奥津（おくつ）温泉（鏡野町）の３ヶ所で、これを一般に美作三湯と呼んでいる。この三湯はいずれも豊富な湯量と泉質の良さで知られ、名湯として古くから人々に親しまれてきた。

ダムを見上げる露天風呂
湯原温泉　■真庭市湯原温泉

平安時代、病に伏した性空上人の夢枕に天童が現れ、この温泉を教えたのが起源とされる。以来薬湯として知られ、宇喜多秀家（参照33頁）の母で秀吉の側室となったおふくの方の湯治場もあったと伝えられる。湯原ダム直下の川原にある露天風呂の「砂湯」は全国の露天風呂番付で西の横綱にも選ばれており、堤高73.5メートルのダムを間近に見上げる雄壮なロケーションは他に類がない。「砂湯」には温度が異なる三つの湯船があり、それぞれ「美人の湯」「子宝の湯」「長寿の湯」と名づけられている。いずれも男女混浴で、24時間いつでも無料で利用できる。

毎年６月26日を語呂合わせで「ろてんぶろの日」とし、イベントが催される。また、湯原温泉の南に点在する下湯原温泉、郷緑（ごうろく）温泉、真賀（まが）温泉、足（たる）温泉などをあわせて湯原温泉郷と呼ぶ。

鷺に導かれ発見された名湯
湯郷温泉　■美作市湯郷

吉井川に流れ込む支流の吉野川西岸に開けた温泉地で、美作三湯の中では最も交通の便に恵まれ、「関西の奥座敷」と呼ばれることもある。およそ1200年前、傷ついた白鷺に姿を変えた文殊菩薩の導きで円仁（えんにん）法師が発見したという伝説があり、別名を「鷺（さぎ）の湯」ともいう。歴代の津山藩主をはじめ、諸大名や代官なども利用したと伝えられる名湯だ。

情緒あふれる山深い古湯

奥津温泉　■鏡野町奥津・奥津川西

少彦名命（すくなひこのみこと）が巡察中に見つけたと伝えられる山深い古湯。名作『秋津温泉』（参照125頁）の舞台として知られるほか、版画家の棟方志功（むなかたしこう）も度々訪れている。名物の足踏み洗濯は、かつて熊や狼から身を守るために女たちが立ったまま足で洗濯したことに由来する。古くから戦国武将らが湯治場（とうじば）として利用し、津山の奥座敷として開けた。中には津山藩主が専用の湯とするために、鍵をかけた浴室も残っている。漂白成分を含むことから「美人の湯」としても有名だ。

■その他の温泉

岡山県内には美作三湯のほかにも、入浴・宿泊施設を持つ名湯や秘湯が数多くある。その多くが一軒宿で、代表的な湯としては吉備中央町の小森（こもり）温泉、岡山市の八幡（やはた）温泉、西粟倉村のあわくら温泉、鏡野町の上斎原（かみさいばら）温泉、真庭市蒜山の津黒高原温泉、新見市神郷（しんごう）の神郷温泉などがある。

Close UP　重源（ちょうげん）と湯迫（ゆば）温泉

俊乗房重源は1133年に出家し、後に法然（参照79頁）の弟子となった。1181年に東大寺再建の大勧進に任ぜられてその造営料の追加として備前国を与えられた重源は、岡山市東区瀬戸町万富（まんとみ）で大量の瓦を焼かせた（参照22頁）ほか、開墾立荘や寺院建立などを通じて岡山県下に数多くの足跡を残している。当時の備前国府近くに湯屋も造営しており、これが岡山市中区湯迫にある湯迫温泉の始まりと伝えられる。

Close UP 岡山の日本遺産ストーリー

岡山県内には、日本遺産として７つのストーリーが認定されている。

「近世日本の教育遺産群〜学ぶ心・礼節の本源〜」

近代教育制度の導入前から、藩校や郷学、私塾などの学校の普及し、明治維新以降のいち早い近代化の原動力となった。備前市の旧閑谷学校は庶民のための公立学校としては日本初、現存するものでは最古の施設である。県内エリアの主な構成文化財（備前市）は、旧閑谷学校、熊沢蕃山宅跡、井田跡など。

「一輪の綿花から始まる倉敷物語〜和と洋が織りなす繊維のまち〜」

近世の干拓と綿花・藺草栽培に始まる倉敷市の繊維産業の歴史、江戸時代の白壁商家群・近代以降の洋風建築群などの文化財で構成されている。主な構成文化財（倉敷市）は、倉敷川畔伝統的建造物群保存地区、旧大原家住宅、大橋家住宅、井上家住宅、楠戸家住宅、大原美術館、倉敷紡績記念館、高梁川東西用水取配水施設など。

「きっと恋する六古窯〜日本生まれ日本育ちのやきもの産地〜」

備前市の備前焼は、福井県（越前町）や愛知県（瀬戸市、常滑市）・滋賀県（甲賀市）などと共に古い歴史を持ち、「日本六古窯」の一つとなっている。県内エリア（備前市）の主な構成文化財は備前焼熊山古窯群跡、備前陶器窯跡「伊部南大窯跡」「伊部北大窯跡」「伊部西大窯跡」など。

「荒波を越えた男たちの夢が紡いだ異空間〜北前船寄港地・船主集落〜」

江戸時代、北前船の寄港地だった玉島・下津井は、肥料として綿栽培に欠かせない干鰯やニシン粕などが北海道や東北地方から持ち込まれ、帰り荷として綿・菜種・塩などを取り引きし、大きく発展した。県内エリアの主な構成文化財（倉敷市）は、下津井町並み保存地区、むかし下津井回船問屋、旧野﨑家住宅、玉島町並み保存地区、旧柚木家住宅（西爽亭）など。

「『桃太郎伝説』の生まれたまち おかやま〜古代吉備の遺産が誘う鬼退治の物語〜」

桃太郎伝説の原型とされる「温羅伝説」の舞台となった古代山城「鬼ノ城」や吉備津神社などと、造山古墳や作山古墳などの古代の文化財で構成される。主な構成文化財（岡山市、倉敷市、総社市、赤磐市）は、鬼城山（鬼ノ城）、楯築遺跡、矢喰宮、鯉喰神社、吉備津彦神社、こうもり塚古墳、両宮山古墳など。

「知ってる!? 悠久の時が流れる石の島〜海を越え、日本の礎を築いたせとうち備讃諸島〜」

瀬戸内備讃諸島の花崗岩と石切り技術は、近世城郭の代表である城の石垣や日本の近代化を象徴する西洋建築など、日本の建築文化を支えてきた。瀬戸内備讃諸島の小豆島や本島、笠岡諸島などの島々と共に認定された。県内エリアの主な構成文化財（笠岡市）は高島・白石島・北木島・大飛島・真鍋島。

「『ジャパンレッド』発祥の地〜弁柄と銅の町・備中吹屋〜」

吹屋は、かつて国内屈指の弁柄と銅生産で繁栄した。生産した赤色顔料の弁柄は全国に流通し、社寺建築や、九谷焼・伊万里焼や輪島塗など日本を代表する焼物を赤く彩り、欧州などにも「ジャパンレッド」として知られた。弁柄で富を得た商人たちは弁柄で家々を飾り、独特な赤い町並みとなって残っている。主な構成文化財（高梁市）は旧広兼家邸、吹屋郷土館、西江家住宅主屋、ベンガラ館など。

Ⅳ

自　然

1. 地理（地形・地質）

岡山県は中国地方に属し、東は兵庫県、西は広島県、北は鳥取県、南は瀬戸内海を隔てて香川県に接する。北部には那岐山（なぎさん）など標高900～1300メートルの中国山地の山々が連なり、中部は吉備高原などの標高400～600メートルの丘陵地、南部は平野と、概ね階段状に南に向けて低くなっている。平野部は、河川の堆積作用と、特に16世紀以降盛んになった干拓事業によってどんどん拡張されていき、現在の岡山県総面積は約7114平方キロメートル（平成26年）である。

県内には中国山地に源を発する一級河川が３本あり、豊富な水量は多種多様な動植物を育み、変化に富んだ自然景観をつくり出している。そして農業・工業用水をはじめ、様々な役割を果たしながら南下して瀬戸内海に注ぐ。穏やかな瀬戸内海は魚介類の宝庫であり、多島美でも知られる。

中国山地

中国山地は兵庫県から山口県まで連なり、大部分が流水の浸食によって作られたもので、その峰々は穏やかなのが特徴である。この中国山地が岡山県の北部県境を形成している。

県内最高峰
後山（うしろやま） ■美作市

標高1344メートルで県内最高峰。美作市後山（東粟倉村）と兵庫県宍粟（しそう）市との県境にある。中腹から頂上にかけてはブナの自然林がある。

見どころ多く登山客に人気
那岐山（なぎさん） ■奈義町・津山市

標高1255メートルで、奈義町と鳥取県智頭町との境にある。レンゲツツジやシャクナゲの群生も見られ、登山客にも人気がある。山腹には法然上人（参照79頁）ゆかりの菩提寺や、大イチョウ（参照181頁）、蛇淵（じゃぶち）の滝など見所も多い。

植物や野鳥の宝庫
毛無山（けなしがせん） ■新庄村

新庄村と鳥取県江府（こうふ）町、日野町の境にあって、標高1219メートル。県内では最大となる約250ヘクタールのブナ林などの貴重な自然林が広がり、植物や野鳥、昆虫の宝庫である。

ゆったりとした連山
蒜山三座（ひるぜんさんざ） ■真庭市

西から順に、上蒜山（かみひるぜん）（標高1202メートル）、中（なか）蒜山（標高1123メートル）、下（しも）蒜山（標高1100メートル）と連なる、なだらかな連山。山麓には蒜山高原（参照162頁）が広がる。

石灰岩とカルスト地形

県北西部には広く石灰岩が分布しており、大規模な鍾乳洞などのカルスト地形が形成されている。

全長1200メートルの規模を誇る
井倉洞（いくらどう）（県指定天然記念物） ■新見市井倉

県指定天然記念物「阿哲台（あてつだい）」の一部で、高梁川の流れが石灰石を侵食してできた井倉峡（新見市井倉）にある鍾乳洞。1958（昭和33）年に地元の人によって発見され、観光洞として整備された。全長は1200メートルで西日本有数の規模を誇る。入り口は高梁川にそびえる絶壁「びょうぶ嶽」の下方にあり、前半は南北方向に、後半は北北東方向に進む。洞内では、したたり落ちた水に含まれる石灰質が長い年月のうちに固まって、筍（たけのこ）状に伸びた石筍（せきじゅん）、それが天井とつながった石柱、幕のように垂れ下がったカーテンなどの洞内生成物がよく発達していて、学術的にも貴重とされる。それら生成物が、落差50メートルの「地軸の滝」や「音の滝」、「くらげ岩」、「瀬戸の海」、「黄金の殿堂」、「月の回廊」などと名づけられた名所を形作り、ライトアップされて幻想的なムードを漂わせる。

与謝野晶子の歌から命名
満奇洞（まきどう）（県指定天然記念物）　■新見市豊永赤馬

県指定天然記念物「阿哲台」の一角にある鍾乳洞。昭和初期にはすでにその名が県外にも知れわたっており、昭和４年に歌人の与謝野晶子が「奇に満ちた洞」と詠んだことから満奇洞と称されるようになった。

全長450メートルの洞内は、最大幅25メートルで、回遊式になっている。天井からは無数のつらら石が下がり、カーテン、鍾乳管、畦石（あぜいし）、石筍、流れ石、洞穴サンゴ、曲がり石など、生成物の種類が豊富で、洞窟博物館といわれるほど変化に富んでいる。一番奥まったところにある池には赤い橋がかかり、各生成物には「竜宮」、「乙姫の寝殿」、「乙姫と浦島」といった名前がついている。

文献に残る日本最古の鍾乳洞
備中鐘乳穴（びっちゅうかなちあな）（県指定天然記念物）　■真庭市上水田

県指定天然記念物「上房台（じょうぼうだい）」の一部で、1200年も昔から都にまで知れわたっていたという、文献に残る日本最古級の鍾乳洞。全長は800メートル以上あるが、現在観光開発されているのは300メートル。入り口はドリーネと呼ばれるすり鉢状のカルスト地形の底にある。大広間「夢の宮殿」や、日本一といわれる大石筍「洞内富士」、22階層の鍾乳石が重なった「五重の塔」、真っ白で美しい「白絹の滝」など、見ごたえのある名所が続く。洞内の温度は年間を通じて約９℃で、夏は涼しく冬は暖かい。

天然の石門
羅生門（らしょうもん）（国指定天然記念物）　■新見市草間

古い石灰洞の一部が陥没してできた天然の石門。４つの門があり、第１門は高さ40メートル、幅17メートルで、上を通行することもできる。深い森の中にあってあたりは薄暗く、石灰岩地域特有の洞穴動物や隔離分布するコケ類などの生息・生育があることでも知られる。

岩壁から水が噴出
草間の間歇冷泉(かんけつれいせん)（国指定天然記念物） ■新見市草間

高梁川支流の佐伏川に臨む石灰岩壁の洞孔から、１日に４回水が噴出する。その仕組みについては、地下に空洞があって地下水が一定量溜まるとサイフォンの原理で噴出するというものをはじめ、諸説ある。地元では潮滝(しおたき)と呼ばれている。

垂直に切り立った断崖絶壁
磐窟谷(いわやだに)（国指定名勝） ■高梁市川上町七地、高梁市備中町布瀬

磐窟川にえぐられてできた渓谷で、垂直に切り立った石灰岩の断崖絶壁と四季の彩りが美しい。中腹には全長約350メートルの閉塞型断層の鍾乳洞「磐窟洞」(別名ダイヤモンドケーブがあり、鍾乳石や日本最長ともいわれる石筍(せきじゅん)など鍾乳洞特有の地形が見事である。

Close UP 岡山の気候

北は中国山地、南には瀬戸内海を隔てて四国山地があり、２つの山地に挟まれた岡山県は独特の気候となっている。

冬には大陸から日本海を渡って来る湿った寒気が中国山地にぶつかって山地に大量の雪を降らせるが、岡山県南部では晴れて乾燥していることが多い。

夏には太平洋からの暖かくて湿った空気が四国山地にぶつかり、高知県側に雨を降らせるため、瀬戸内沿岸では雨は少なく、晴れて蒸し暑い日が多くなる。

このように岡山県南部、特に沿岸部は温暖で少雨であり、瀬戸内気候と呼ばれている。岡山市の降水量１ミリ未満の日数は276.7日（2001年～2020年の平年値）で、県庁所在地としては全国１位。「晴れの国」と呼ばれる由縁である。

一方、県北の中国山地沿いは雨や雪が多く、これらの水が三大河川に流れ込み、雨の少ない南部をはじめ岡山県全体を潤している。気温は北に行くほど低くなるが、津山市周辺は盆地であるため周辺より少し高めになっている。

岡山県は気象災害の少ない県とされているが、過去には河川の堤防決壊による浸水被害や瀬戸内海沿岸部の高潮被害なども発生している。また県北東部の那岐山(なぎ)（参照168頁）の山麓地域は、広戸風(ひろとかぜ)と呼ばれる局地風が発生することで知られている。

四季折々の渓谷美が楽しめる

奥津渓（おくつけい）(国指定名勝)　■鏡野町奥津川西

鏡野町奥津川西の吉井川に約3キロにわたって続く渓谷。その入り口には、川床の岩が長い年月のうちに小石に削られてできた「奥津の甌穴（おうけつ）群」がある。滝や早瀬、新緑、紅葉など、年間を通じて渓谷美が楽しめる。奥津八景、般若寺温泉なども奥津渓の景色を彩っている。

中部の高原と渓谷

高原都市としての開発が進む

吉備高原

吉備高原は県中部に広がる標高400〜600メートルのなだらかな山地で、岡山県の面積の多くを占める。高梁市有漢（うかん）町や同市備中町、あるいは高梁市に隣接する吉備中央町などがこの位置にあたる。南北に縦断する三大河川やその支流がこの高原を深く掘りこみ、V字谷も多く見られる。谷で分断される地形であったため、交通の便は発達しなかったが、1970年代から吉備高原都市として開発が進んでいる。

眼下に広がる雲海

弥高山（やたかやま）(県指定名勝)　■高梁市川上町高山

新生代第三紀末ごろ噴出した玄武岩が侵食されてできた山。麓からはその時代の化石が多量に掘り出されている。ごはんを盛ったような形から「飯（いい）の山」とも呼ばれる。標高654メートル。山頂には展望台があり、360度の眺望が楽しめる。秋の雲海は有名。

奇岩に囲まれた景勝地

豪渓(ごうけい)(国指定名勝) ■総社市槇谷、吉備中央町岨谷

高梁川の支流、槇谷川の上流にある。渓流の両岸に、天柱山、剣峰(けんがみね)、雲梯峰(うんてい)などと名づけられた奇岩が群立し、岩石と渓流、四季の自然が美しい景勝地。花崗岩特有の節理(せつり)の変化に富んだもので学術的にも貴重。桜、新緑、紅葉も見ごたえがある。

紅葉と清流の妙

天神峡(てんじんきょう)(県指定名勝) ■井原市芳井町吉井

小田川上流の古生層の地盤に老木、巨木が自生している。清流と川床の小石の美しさも合わせて、紅葉のころには絶景となる。渓谷の中ほどに菅原道真を祀(まつ)った神社があることから、天神峡の名がついた。紅葉橋、鵜飼滝などの名所もある。

真っ赤な橋がシンボル

宇甘渓(うかんけい) ■吉備中央町下加茂、岡山市北区御津虎倉

旭川支流の宇甘川の中流にある約4キロの渓谷。吉備高原が侵食されてできた谷で、曲流する川にそそり立つ巨岩、奇岩に、アカマツ、カエデ、ヤマザクラなどが四季の彩りを添える。川にかかった真っ赤な赤橋がシンボル的存在で、遊歩道やキャンプ場も整備されている。

中国地方随一の規模で日本百景にも

神庭(かんば)の滝(神庭瀑(ばく)・国指定名勝) ■真庭市神庭

旭川支流の神庭川から落下する高さ約110メートル、幅20メートルという中国地方随一の滝で、日本の滝百選(1990年日本の滝選考会)の一つ。正面に立つと、轟音と水しぶきの大迫力に圧倒される。野生のサルの姿も見られる。あたり一帯は国指定名勝で、日本百景(1927年大阪毎日新聞社ほか)にも指定されている。

Close UP 岡山の三大河川

岡山県には西から高梁川、旭川、吉井川の順に３本の一級河川が流れている。いずれも中国山地を源に県下を南北に縦断しており、また本流の長さや流域面積などの規模がほぼ同じで、一般に岡山三大河川と呼ばれている。この三大河川は、全国に109本ある一級河川の中でも特徴的な要素をいくつかもつ。その一つは「岡山県の自前の川」だということ。いずれの本流も岡山県内に源流をもち、岡山県内を流れ、岡山県内で海に注いでいる。二つめの特徴は、急峻な山の斜面を短距離で流れ下り、あとは川幅を広く取ってゆったりと流れている点だ。この特色が高瀬舟の運航を可能にし、県下の主要都市の多くはこの三大河川に沿って発展してきた。そして三つ目の特徴として、流域に生息する動植物の数が挙げられる。魚はもとより、底生動物、昆虫類から哺乳類、そして繁殖している植物に至るまで、多くの項目でその個体数が上位に数えられている。「淡水魚」の生息数を例にあげると、全国の一級河川では１位が淀川水系の49個体、２位が木曽川水系の46個体で、３位に旭川の44個体、４位に吉井川の42個体、そして６位に高梁川の38個体がランクされている（国土交通省『河川水辺の国勢調査年年鑑』平成２～９年度調査)。

高梁川（たかはし）

県西部を流れる高梁川は、本郷川、成羽（なりわ）川、小田川などを合わせながら倉敷市で水島灘へと注ぐ。本流の全長は三大河川の中で最も短いが、逆に流域面積は最も広く、上流の一部は広島県にまで広がっている。三大河川の上流域ではいずれも古くからたたら製鉄が盛んだったが、特に高梁川は大量の土砂が流出し、総社市、倉敷市に広大な平野をつくった。また中流には石灰岩地域が広がり、独特のカルスト地形が見られる。下流には水島臨海工業地帯があり、工業用水としての利用率が高い。

旭川

真ん中を流れて岡山市中心部を貫いているのが旭川で、本流の全長は約142キロと県内で最も長い。新庄川や宇甘川などの支流と合流しながら、岡山市中区江並で児島湾に注ぎ込む。旭川に運ばれて児島湾に堆積した土砂は、大規模な干拓地造成をもたらした。旭川は飲料水、農業用水、工業用水、電力資源の供給源としての役割を担っている。また、絶滅危惧種であるアユモドキ（参照189頁）の生息も確認されており、上流域にはオオサンショウウオ（参照188頁）の生息地もある。

吉井川

吉井川は県東部を流れ、加茂川、吉野川、金剛川などと合流し、岡山市東区西幸西で児島湾に注ぐ。三大河川の中では中流域からの勾配が最も緩いこともあり、津山と岡山を結ぶ水上交通の大動脈として、早い時期から高瀬舟の運航が発達していた。また三大河川の中では漁獲量が最も多い。

［三大河川の比較データ］（＊は広島県域を含む）

	高梁川	旭　川	吉井川
源　　流	花見山（新見市）	朝鍋鷲ヶ山（真庭市）	三国山（鏡野町）
全　　長	111㎞	142㎞	133㎞
流域面積	*2,670㎢	1,810㎢	2,110㎢

南部の平野と海岸

岡山県の海岸線は時代によって大きく変遷している。氷河期には海面が低下し、海岸線は現在の紀伊水道、豊後水道あたりにあったと考えられる。逆に暖かかった縄文時代には、現在よりも海面が上昇して浅い海が広がった。やがて海岸線は後退を始め、三大河川が運んだ土砂は河口付近に堆積して沖積平野を形成してゆく。現在も岡山平野の各地には早島、松島、連島、玉島など、かつての地形を伝える地名が残っている。

17世紀初めに誕生
児島湾

かつては児島もまた海に浮かぶ島であったが、17世紀の初めには陸続きの半島になり、児島湾が生まれた。このような近世以降の急激な平野の拡大には、三大河川の上流域で盛んに行われたたたら製鉄が深く関係している。また江戸時代から明治にかけても干拓による新田開発が進められ、その結果児島湾はさらに小さくなった。児島湾は豊かな漁場でもあったが、次第に水揚げ量は減少した。（参照45頁）

美しい海岸線が連なる瀬戸内海国立公園

沿岸部

児島湾を眼下に見渡す貝殻山(かいがらやま)から西へ金甲山(きんこうざん)、王子が岳、鷲羽山(わしゅうざん)と、瀬戸内海国立公園内の美しい海岸線が連なっている。これら沿岸の南部丘陵では、冬から春先にかけて雨が少ないため乾燥しやすく、しばしば山林火災が発生する。また海岸地域には海水浴場も多く、渋川(しぶかわ)、牛窓、沙美(さみ)などがよく知られている。

王子が岳

特異な地形や地質

高梁川の支流である成羽(なりわ)川水系の一帯は地質学的に貴重なことから「日本のコロラド川」とも呼ばれ、特異な地形や地質を数多く見ることができる。そのほかにも風化作用によって生まれた珍しい地形などが県内各地に点在している。

珍しい化石を産出

成羽(なりわ)の化石層（県指定天然記念物） ■井原市美星町明治、高梁市成羽町成羽

中生代（２億2500万年～6500万年前）上部三畳系の成羽層群からはたくさんの化石が見つかる。沼や湖にシダやソテツやトクサなどの植物が繁っていた時代で、枯れて埋もれたこれらの植物が化石となったもの。産出した植物化石と動物化石約120種のうち、約40種が新種で注目されている。高梁市成羽町日名畑の露頭(ろとう)は県指定の天然記念物。

地質学上、貴重な断層

大賀(おおが)の押被(おしかぶせ)（国指定天然記念物） ■高梁市川上町仁賀

約２億年前の中生代層の上に約３億年前の古生代層が重なり、新旧の地層が逆転した構造になっている。1923（大正12）年、高梁市川上町仁賀(にか)で発見され、旧地名から大賀デッケンとも呼ばれる。地質学上、貴重な地形。

水辺で遊ぶ象に見える!?

象岩(ぞういわ)(国指定天然記念物)　■倉敷市下津井

高さ約8メートルの花崗岩の巨石が、風化や波の浸食によって奇岩になったもの。大きな象が水辺で遊んでいるように見える。倉敷市下津井沖の六口(むくち)島にある。『池田家文書』(岡山大学所蔵)にも「六口島象岩之図」として載っている。

直径8メートルもの深い淵

藍坪(あいつぼ)(県指定天然記念物)　■高梁市川上町上大竹

深い渕が4つ、階段状に並んでいる。最大のものは直径8メートル、深さ3メートル。大きな滝が水の浸食により肩の岩が削られて後退し、次々と滝壺の場所が変わっていったものと推定される。全国的にも類例が少ないもので注目される。藍染めのために並べられた大きな壺のようであることからこの名がつけられた。

波の形も残る石灰岩

浪形岩(なみがたいわ)(県指定天然記念物)　■井原市野上町

井原市野上町の千手院の庭園にある。新生代第三紀(約2000万年前)の石灰岩が隆起したもので、ハネガイ、カキ、ベンケイガイなどの貝の化石が露出している。地下水で溶かされ、浪に洗われた跡のように見えることから、名称がつけられた。古墳時代の石棺に使われた石材としても著名(参照13頁)。

美しい方状節理

白石島(しらいしじま)の鎧岩(よろいいわ)(国指定天然記念物)　■笠岡市白石島

笠岡市白石島の鬼ケ城(おにがじょう)山山頂にある。マグマが冷えて花崗岩になりかけたとき、残りのマグマが貫入してできた岩石。固まる際の収縮により、碁盤の目のように美しい方状節理ができた。鎧の袖(そで)に似ていることからこの名がついた。

Close UP 岡山の名水

川に恵まれた岡山県下には名水と呼ばれる冷泉が各地にあり、「塩釜の冷泉」（真庭市）、「雄町の冷泉」（岡山市）、「岩井」（鏡野町）がそれぞれ環境省選定の名水百選（1985年）に、新見市大佐の「夏日の極上水」が平成の名水百選（2008年）に選ばれている。このほかにも新庄村の「野土路の水」、真庭市美甘の「入夏清水」、津山市阿波の「百合高原の水」などがある。

塩釜の冷泉 ■真庭市蒜山下福田

中蒜山の麓にあり、旭川支流である井川の源流地にあたる。縦約12メートル、横約5メートルのひょうたん型の泉で、無色透明の冷水がこんこんと湧き続けている。

雄町の冷泉 ■岡山市中区雄町

旭川の伏流水で岡山市中区雄町にあり、もとは池田家の御用水だった。現在は近くに同じ帯水層の地下水が利用できる「おまちアクアガーデン」が設けてあり、水くみ場や親水広場として親しまれている。

岩井 ■鏡野町上斎原

吉井川の支流である中津河川の源流。その上にある岩井滝と合わせて人気スポットになっている。

鉱石

人間の生活に有用な金属を含む岩石を鉱石という。岡山県では主にウラン鉱、硫化鉱、クロム鉱の産出が知られるが、他県同様に掘り尽くしによる採掘量減少や、低価格の外国産が出回ったことなどから、いずれの鉱山も廃鉱に追いやられている。

ウラン鉱石 ■鏡野町上斎原

1955（昭和30）年に鳥取県との県境に位置する人形峠でウラン露頭が発見された。製錬転換施設も建設したが、その後埋蔵量が少ないことがわかり、2001（平成13）年に運転を終了した。人形峠展示館では、鉱石の現物や濃縮工程の展示がある。2006（平成18）年にオープンした「妖精の森ガラス美術館」はウランガラスをテーマにした世界的にも珍しい美術館。ボヘミアガラスの名品から現代に至るガラス作品が鑑賞できるほか、吹きガラス体験やショッピングも楽しめる。

東洋一の産出量

硫化鉄鉱　■美咲町吉ケ原

柵原(やなはら)鉱山（参照48頁）は硫化鉄鉱の産出が東洋一といわれ、大正から昭和の前半には大いに栄えた。1991（平成３）年に廃鉱となったが、鉱山資料館では採掘現場や運搬風景が再現されている。

日本有数の鉱床地帯

クロム鉄鉱　■新見市

岡山と鳥取と広島の県境付近は日本有数のクロム鉄鉱床地帯で、新見市神郷町の高瀬鉱山は明治中期に発見された。第二次世界大戦中は年間3000トン以上の産出があったが、昭和50年代に廃鉱となった。

Close UP 岡山の自然災害

真備町の浸水被害（山陽新聞社写真提供）

2018（平成30）年7月、台風7号の影響による集中豪雨が西日本を中心に記録され、岡山県にも倉敷市や岡山市、井原市、総社市、高梁市、新見市、真庭市などで大きな被害をもたらした。特に倉敷市真備町地区では小田川とその３支流で８カ所が決壊し、町域の約３割が浸水し、災害関連死を含めて75人の命が失われた。岡山市東区沼の砂川では堤防を越える「越水」と、堤防やその地盤に水がしみこんで崩れる「浸透」が発生し、多くの住宅が浸水した。県内で全半壊した家屋は8000棟を超え、風水害被害では戦後最悪となった。

過去にも大きな災害

中国銀行本店前広場にある、室戸台風による最高水位を示すプレート

過去には河川の氾濫や土砂災害によって多くの命が失われる被害に遭っている。特に1934（昭和９）年の室戸台風による被害は死者145名、負傷者348名、全半壊家屋は4560棟にのぼり、甚大であった。旭川（百間川を含む）は十数カ所にわたって決壊して岡山市域の大半が浸水している。

大きな災害も発生する

岡山は温暖少雨な気象から、自然災害の少ない地域とされてきたが、今後は過去の災害を教訓にして、豪雨や風雨による被害に備えていく必要がある。

2．植物

岡山県に発達する自然林は、冷温帯の夏緑広葉樹林と暖温帯の常緑広葉樹林である。海抜800メートル以上の冷涼な県北の脊梁（せきりょう）山地では、ブナやミズナラなどの夏緑広葉樹林が発達する。これより低い温暖な地域では、シイやカシなどの常緑広葉樹が優勢な森林が発達する。しかし、これらの自然林は社寺林などでわずかに見られるに過ぎず、ほとんどは伐採や山火事などのあとにできた二次林やスギ・ヒノキなどの植林地となっている。二次林には、アカマツ林とコナラやアベマキなどが生育する夏緑広葉樹林がある。アカマツ林は水はけのよい花崗岩地域で広く発達し、夏緑広葉樹林は堆積岩などの良好な土壌が形成されやすい。

岡山県西部を中心とする石灰岩地帯にはキビヒトリシズカ、シロヤマブキ、アテツマンサクなど、地域固有や大陸とのつながりのある特徴的な植物が多数生育しており、阿哲（あてつ）要素と呼ばれている。また、県南部を中心にコバノミツバツツジの群生が見られる。

名木・巨木

神木として崇められる

横川のムクノキ（県指定天然記念物）　■美作市滝宮

樹高約25メートル、推定樹齢約1000年以上という県下最大級のムクの木。新日本銘木百選にも選ばれている。美作市滝宮にあり、根本には荒神さまの小祠が祀（まつ）られている。地元では神木として崇められてきた。

黄金杉（県指定天然記念物）　■真庭市蒜山下長田

国道313号近くにある樹高約18メートル、推定樹齢180年の自生杉。擬宝珠（ぎぼし）のような形をしており、葉緑素が少ないため、黄色の葉が朝日や夕日を浴びて黄金色に見える。

法然上人ゆかりの言い伝えが残る
菩提寺のイチョウ（国指定天然記念物）　■奈義町高円

那岐(なぎ)山の中腹、浄土宗菩提寺の一角に樹高45メートル、樹齢約900年の大樹がある。幹や枝から多くの乳柱が垂れ下がっている。法然上人（参照79頁）が学問成就を祈願して挿した杖が芽吹いたとの言い伝えがある。

古墳の上にそびえる
角力取山(すもうとりやま)の大松（県指定天然記念物）　■総社市岡谷

総社市岡谷の角力取山古墳（参照11頁）の上にあるクロマツの大木。推定樹齢450年、樹高20メートル、根まわり6.7メートルで、クロマツとしては県内最大級の大きさ。

特殊な花びらが美しい
宗堂(そうどう)の桜（県指定天然記念物）　■岡山市東区瀬戸町宗堂

ヤエザクラの中でも特殊なもので、花びらは約60枚あり、内側の20枚ほどは反転している。この地にあった不受不施派の宗堂山妙泉寺の雲哲上人が謀殺されたのを嘆いて、参道にあったサクラの花弁が縮み、形が変わったという言い伝えがある。

後醍醐天皇が立ち寄った逸話も
醍醐(だいご)桜（県指定天然記念物）　■真庭市別所

推定樹齢約700年のエドヒガンザクラ。備中川支流の関川上流にある。樹高約18メートル、根まわり9.2メートル、枝張りは南北に約19メートル。元弘の変（1331年）で隠岐に流された後醍醐天皇が、途中でここに立ち寄ったと伝えられる。

日本最大級の老樹
阿知(あち)の藤（県指定天然記念物）　■倉敷市本町

倉敷市の鶴形山(つるがたやま)公園（阿智神社）に樹齢約300年のアケボノフジの老樹がある。この種では日本最大級で、約20メートル四方に枝を広げている。４月下旬から５月上旬には淡紅色の花が咲き、絶好の散歩コースになっている。

貴重な動植物の宝庫

岡山県立森林公園 ■鏡野町上斎原

鏡野町北部の鳥取県との境にある。約334ヘクタールの園内は、ブナの原生林ほか貴重な植物、動物の宝庫で、渓流の美しさや小鳥のさえずりにも魅了される。冬季は雪のため閉園になる。

「西の尾瀬」の称号

鯉が窪（こいがくぼ）湿生植物群落（国指定天然記念物） ■新見市哲西町矢田

新見市哲西町の標高550メートルの高原にある鯉が窪湿原は、「西の尾瀬」とも呼ばれ、貴重な湿生植物の大群落がある。見ごろは春から秋で、リュウキンカ、サギソウ、オグラセンノウなどが次々と咲く。群落を中心とした約35.3ヘクタールの地域が自然環境保全地域に指定されている。

県西北部山地の典型的な植生

穴門山（あなとやま）の社叢（しゃそう）（県指定天然記念物） ■高梁市川上町高山市

高梁市の標高450メートルにある穴門山神社周辺は典型的な県西北部山地の植生が保たれている。約10ヘクタールの境内には巨木が並び、カツラの老樹は樹齢700年ともいわれる。特産のウスバアザミほか、珍種も多い。

海を眺めながら散策

貝殻山（かいがらやま）市民憩いの森 ■岡山市南区小串、阿津地内

児島半島にある貝殻山一帯は貝殻山市民憩いの森として整備されている。約180ヘクタールの園内は遊歩道が巡らされ、海を眺めながらの散策や野鳥観察に絶好の地。山頂からは四国までも見渡せる。ミモザ観賞の穴場でもある。

トレッキングや自然観察会も

操山(みさおやま)里山センター　■岡山市中区沢田

岡山市街からほど近く、自然がふんだんに残っている操山。里山センターでは、山道を歩く人のための旬な情報や動植物に関する情報、自然保護のための情報などを提供。ボランティアによる企画・運営で、トレッキングや自然観察会、自然や歴史に関する講座なども行っている。

上記のほかにも、岡山県下には龍ノ口(たつのくち)グリーンシャワーの森（岡山市）、みやま（深山）公園（玉野市）（参照155頁）など、自然に触れながらのウォーキングに最適な公園がある。

花・紅葉の名所

桜 →参照185頁

漂う芳香

梅

津山市の「梅の里公園」約2000本のほか、岡山市の神崎梅園では約500本が芳香を漂わせ、毎年梅まつりでにぎわう。岡山市の半田山植物園には約140本、後楽園（参照139,144頁）には約100本の梅が植えられている。

ボランティアによる畑も

コスモス

コスモスの里として知られる真庭市の備中川沿いの土手は、約6キロにわたってコスモスが咲き、「コスモス街道」と呼ばれる。北房IC前のふれあいセンター裏「コスモス広場」でも、約1ヘクタールをコスモスが埋め尽くす。倉敷市の水島工業地帯の中にある「玉島E地区フラワーフィールド」は約1.1ヘクタールが市民ボランティアによってコスモス畑となる。

100種類が集う公園も
藤

阿知の藤のほかにも、500本以上が植えられて日本でも有数の藤棚の長さを誇る玉野市の渋川公園がある。種類の多さでは和気町の藤公園が知られ、北は北海道から南は鹿児島まで、さらに海外のものも含めて、約100種150本。また、岡山市のRSKバラ園には約350平方メートルの藤棚がある。

早春の山を彩る
マンサク

新見市大佐小阪部には「アテツマンサクの森」がある。マンサクという名は、早春の山に「まず咲く」という意味や「豊年満作」などが由来とされる。アテツマンサクは植物学者の牧野富太郎によって発見・命名されたもので、２月下旬〜４月上旬に約2500本が黄色い花をつける。奈義町にも約2000本の群生地がある。

各地に「あじさい寺」が
アジサイ

「あじさい寺」の別名を持つ津山市の長法寺には約3500株がある。もう一つの「あじさい寺」は美作市大聖寺で、約5000株が咲き乱れる。美咲町「美咲花山園」は約２万株、岡山市のたけべの森では約3500株、3.5キロのアジサイロードに迎えられる。

春の山を赤紫に染める
コバノミツバツツジ

４月から５月にかけて岡山県下の山々を赤紫に染めるコバノミツバツツジは実に見事で、これだけの大群生は全国的にも珍しい。大半が自生種だが、玉野市のように火に強く荒地でも生育するという理由で市の花に指定して、意図的に植え込んでいるところもある。貝殻山（参照182頁）もその一つである。

県内各地に見どころが
紅葉

代表的な名所としては、総社市の豪渓（参照173頁）、井原市の道祖渓（県指定名勝）、新見市神郷町の三室峡、真庭市蒜山の山乗渓谷、吉備中央町の宇甘渓（参照173頁）などがある。岡山市では御津、足守の近水園（参照142頁）、円山の曹源寺（参照72頁）、尾上の神道山なども有名。

Close UP 岡山の桜まつり

県内の桜まつりのトップを切るのが、3月下旬から後楽園（参照139,144頁）東側の旭川堤防一帯で開催される「岡山さくらカーニバル」。約1キロにわたる桜並木と河川敷を会場に多彩なイベントが行われ、夜桜見物も楽しめる。岡山県の開花予想の基準となる標準木は園内にあるソメイヨシノだ。4月1日からスタートするのが、真庭市（久世町）の「天領くせ桜まつり」と津山市鶴山公園（参照160,161頁）の「津山さくらまつり」。ほかにも開花の時期に合わせて、県南では岡山市北区足守の近水園（参照142頁）一帯が会場となる「洪庵（参照41頁）さくらまつり」、岡山市南区妹尾の妹尾緑道公園（芳塘園）の桜が見物できる「妹尾・箕島ふるさとさくら祭」、早島町の「早島公園さくらまつり」、倉敷市連島町西之浦の「箆取公園さくらまつり」、岡山市東区瀬戸町の「瀬戸公園花まつり」などが開催される。

中部から北部では、高梁市の紺屋川筋が会場となる「たかはし城下まち桜まつり」や、約100種類1万5000本の桜が並び、1.5キロのしだれ桜の小径が見ごたえある岡山市北区建部町の「たけべの森はっぽね桜まつり」、赤磐市の「城山桜まつり」、美作市のバレンタインパーク作東を会場とした「さくらまつり」など。

一方、個性的な桜をめでる祭りもある。有名なのは、真庭市別所吉念寺地区の醍醐桜（参照181頁）。「醍醐桜まつり」の期間中は夜間、桜がライトアップされる。また、岡山市東区瀬戸町の宗堂の桜（参照181頁）は4月中旬から下旬にかけて開花し、「宗堂さくらまつり」が開催される。少し遅れて開花するのが新庄村のがいせん桜。4月20日ごろの日曜日に「がいせん桜まつり」が開催される。

このほかにも、岡山市の半田山植物園や、美咲町の三休公園が桜の名所として有名だ。特殊な桜としては、秋にも花を咲かせる真庭市勝山の四季桜、吉備路文学館（岡山市）のウコン桜、新見市哲西町や岡山市内の三徳園、沢田地区などで見られる御衣黄桜がある。

Close UP 県民の鳥、木、花

県民の鳥はキジで、平成６年４月に県民投票で制定された。県内に広く生息するキジは大型で美しく、岡山ゆかりの「桃太郎」の物語にも登場する鳥としてなじみ深い。

県民の木・アカマツは、1966（昭和41）年９月に県民投票で制定された。県内に広く分布するアカマツは、緑の葉と赤い樹皮を持ち、名所や景勝地の景観を構成する代表的な木として親しまれている。建築資材のほか、割り木は備前焼に欠かせない燃料となっている。

モモは1950（昭和25）年ごろから県の花として慣用的に使用されるようになった。桃（白桃）は県の特産品として名高く、また「桃太郎」に出てくることから、県のイメージとして定着している。

問題

問１　角力取山古墳の上にある、推定樹齢450年、樹高約20mの木はどれか。

1　アカマツ　　2　クロマツ　　3　スギ

問２　天皇が隠岐に流されるときに立ち寄ったと伝えられる、真庭市にある樹齢700年ともいわれるエドヒガンザクラは何と呼ばれるか。

1　醍醐桜　　2　がいせん桜　　3　宗堂の桜

問３　国指定の天然記念物はどれか。

1　阿知の藤　　2　醍醐桜　　3　菩提寺のイチョウ

問４　【ア　円通寺　　イ　長法寺　　ウ　大聖寺】の中で「あじさい寺」の別名をもつのはどれか。

1　アとイ　　2　アとウ　　3　イとウ

問５　岡山県のシンボル「県鳥・県木・県花」の組み合わせとして正しいものはどれか。

1　ホトトギス・クスノキ・ツツジ　　2　キジ・アカマツ・モモ
3　タンチョウ・ヒノキ・サクラ

【問1】2　【問2】1　【問3】3　【問4】3　【問5】2

3. 動物

岡山にはオオサンショウウオやカブトガニなどの貴重な動物が生息し、湿地帯では希少種の昆虫も見られる。

全国で最も多い飼育数

タンチョウ（国指定特別天然記念物）

タンチョウは、かつて日本各地に越冬のために飛来し、江戸時代には後楽園で飼育していたこともあるが、戦後一時、飼育は途絶えた。その後、旧制六高に学び中国科学院院長となった郭沫若（かくまつじゃく）の尽力により中国から２羽寄贈され、飼育が再開された。北海道釧路市の協力を得て、岡山のタンチョウの繁殖第１号「ラック」が誕生して以来、岡山県内の飼育数は56羽を超え、全国で最も多い。

県自然保護センター（和気町）では、本格的なタンチョウ飼育施設が整備されている。また、そのバックアップ施設として、蒜山タンチョウの里（真庭市）、きびじつるの里（総社市）も作られ、県が企画する「タンチョウの里」構想が進みつつある。

県北の渓流に生息

ヤマセミ（やませみ生息地＝県指定天然記念物）　■鏡野町富地区

ヤマセミはカワセミ科の留鳥（年中同じ地域に生息する鳥）で、頭の羽毛が長く白い斑点がある。旭川支流の目木川の川岸など、岡山県北の渓流や湖で魚を捕らえて生息しているが、もともと数が少なく、旧富村の生息地一帯が県の天然記念物に指定されている。県北ではカワダユウあるいはコウジガモという別名を持つ。

世界最大の両生類
オオサンショウウオ（国指定特別天然記念物）　■真庭市

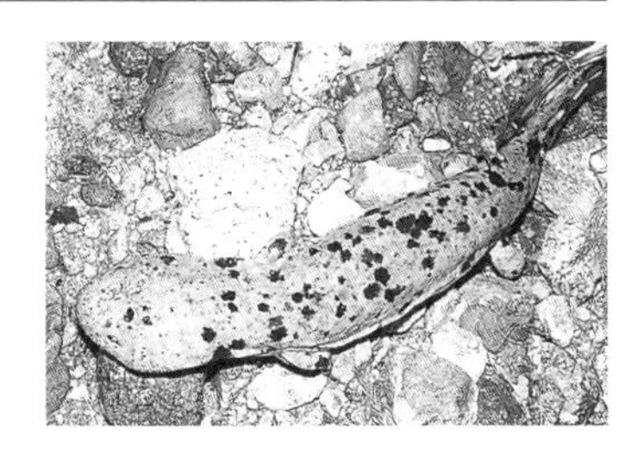

約6000年前の地層からもその化石が発見されたオオサンショウウオ（「はんざき」とも呼ぶ）は、世界最大の両生類で、学術上もたいへん貴重である。湯原温泉のある真庭市豊栄（とよさか）にはこれを飼育、保護する「オオサンショウウオ保護センター（はんざきセンター）」があり、旭川上流の真庭地域（旧湯原町、川上村、八束村、中和村）は生息地として国指定天然記念物となっている。また、オオサンショウウオは地域を定めず、国の特別天然記念物に指定されている。

生きている化石
カブトガニ（カブトガニ繁殖地＝国指定天然記念物）　■笠岡市神島水道

中生代からほとんど形態を変えず、「生きている化石」といわれるカブトガニ。日本では瀬戸内海の一部と九州西北部海岸に生息している。神島（こうのしま）水道一帯は繁殖地として国の天然記念物に指定されたが、埋め立てなどによって環境は大きく悪化している。

カブトガニや化石を学べる
笠岡市立カブトガニ博物館　■笠岡市横島

笠岡湾がカブトガニの繁殖地であることから設置された博物館。館内にはカブトガニの生態が観察できる水槽や、その進化をテーマにした映像を映すカブトガニシアター、アンモナイトや三葉虫の化石にふれるコーナー、恐竜カマラサウルスの複製骨格などがある。前庭は恐竜公園になっている。

絶滅が危惧される貴重な魚

アユモドキ（国指定天然記念物）

ドジョウ科の淡水魚で、日本固有の種。琵琶湖淀川水系と岡山県の旭川、吉井川、高梁川で生息していたが、最近はさらに減り、県内では旭川と吉井川水系でごく少数見られるのみ。レッドデータブックの絶滅危惧ＩＡ類で国際保護動物でもある。地域を定めず、国の天然記念物に指定されている。

涼やかな鳴き声が夏の風物詩に

カジカガエル（湯原カジカガエル生息地＝国指定天然記念物）　■真庭市湯原温泉

日本固有種で、本州、四国、九州に分布し、岡山県では主に県中北部に生息するカエル。産卵の季節である６～８月ごろ盛んに鳴く。その声は涼やかで、渓流地域の夏の風物詩ともなっている。真庭市湯原温泉の旭川一帯は、カジカガエルの生息地として国の天然記念物に指定されている。

初夏の夜空を彩る

蛍

ヒメボタルのことを地域的に金蛍と呼んでいる。淡い金色の光を点滅させながら地上１～２メートルのところを飛ぶ。新見市哲多町蚊家地区にある天王八幡神社の境内は、この金蛍の大発生で知られ、県指定天然記念物となっている。

また鏡野町の吉井川本支流一帯はゲンジボタルが多数発生することで知られ、一帯は「郷の源氏蛍発生地」として、同じく県指定天然記念物になっている。

Close UP 岡山の野鳥

岡山県では、一年中県内にいる留鳥、繁殖のために夏に渡来する夏鳥、越冬のために渡来する冬鳥、春や秋の渡りの途中に立ち寄る旅鳥など、合わせて300種以上が確認されている。棲息環境をみると、北部は人工林が多く、野鳥が好む自然林は少ない。中部の高原地帯には夏緑広葉樹林が広がり、吉備中央町を中心に谷あいの里山にはブッポウソウなどの稀少な野鳥が飛来するため保護活動もしている。南部の平野や海岸地帯は、干潟やヨシ原が農耕地や宅地に転換されるなど、野鳥にとっては棲みにくい状況にある。

その中で、美作市の後山（うしろやま）や西粟倉村の若杉天然林ではミソサザイ、オオルリ、クロツグミなど多くの夏鳥を見ることができる。また鏡野町の県立森林公園には、ゴジュウカラ、ヒガラなどの森林性の鳥や大型のワシであるイヌワシが現れることもある。笠岡干拓地では冬季にタカやハヤブサといった猛禽類が多数見られる。そのほか、蒜山高原、毛無山（けなしがせん）、臥牛山（がぎゅうざん）、百間川（ひゃっけんがわ）、多くのカモが飛来する阿部池や児島湖など、野鳥観察に格好の場が各地に点在する。

問題

問１　「ハンザキ」と呼ばれる生物はどれか。
　１　オオサンショウウオ　　２　ヤマセミ　　３　カジカガエル

問２　岡山県自然保護センターが全国一の飼育数を誇り、正月に岡山後楽園で放鳥されるのはどれか。
　１　トキ　　２　コウノトリ　　３　タンチョウ

問３　笠岡市は国内でも数少ないある生物の生息地・繁殖地である。その生物の青色の血液は、近年、医療分野で重要視されているが、その生物はどれか。
　１　ベイカ（ベカ）　　２　カブトガニ　　３　シャコ

【問1】1　【問2】3　【問3】2

V

経済・産業・社会

1. 岡山県のデータ、行政区分

岡山県の面積は約7,114平方キロメートル、県内の人口は約189万人である。いわゆる平成の大合併によって県内の行政区分は大きく変わり、現在の市町村数は27となっている。県庁所在地の岡山市は、2009年４月に政令指定都市となり、人口は約72万人と最も多く、倉敷市が約47万人でこれに次いでいる。

面積

県土の面積は7,114.33平方キロメートルで、全国の都道府県中17位となっている。その内訳は

森林	68.1%
農地	8.8%
宅地	5.6%
水面・河川・水路	4.4%
道路	4.2%
原野等	0.5%
その他	8.4%

である。（資料：「101の指標からみた岡山県（令和５〔2023〕年版）」）

人口

県内の人口は188万8,432人で、全国の都道府県中20位となっている。2020年10月の調査によれば、2015年の調査に比べて1.7%減少している。65歳以上の老年人口割合は全国平均（28.7%）を上回る30.7%で、全国第27位となっている。また世帯数は80万1,409世帯で、こちらは全国第18位。（令和２年国勢調査〔総務省〕）

行政区分

平成の大合併によって、78あった県内の市町村は27へと再編された。岡山市や倉敷市などの大都市がさらに周辺を編入し、また広域合併による面積の広い市が成立する一方で、合併を選ばなかった町村もあり、規模の面で大きく二極化が進んでいる。

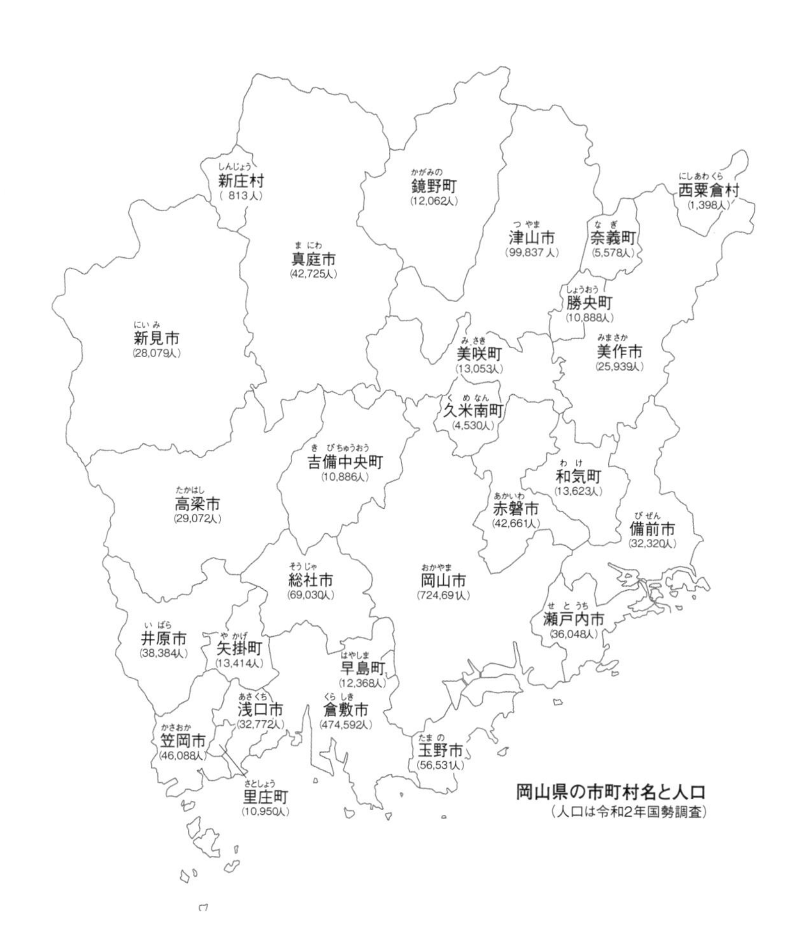

岡山県の市町村名と人口
(人口は令和2年国勢調査)

三つの県民局

平成の大合併をにらんで、岡山県では従来の９つの地方振興局体制を３つの県民局へと再編した。

備前県民局（旧岡山局、東備局）

所在地：岡山市

エリア：岡山市、玉野市、赤磐市、瀬戸内市、備前市、和気町、吉備中央町

備中県民局（旧倉敷局、井笠局、高梁局、阿新局）

所在地：倉敷市

エリア：倉敷市、総社市、高梁市、新見市、笠岡市、井原市、浅口市、早島町、矢掛町、里庄町

美作県民局（旧津山局、真庭局、勝英局）

所在地：津山市

エリア：津山市、真庭市、美作市、鏡野町、久米南町、奈義町、美咲町、勝央町、西粟倉村、新庄村

Close UP 新しい地名、消えた地名

岡山県内の市や町の名前で読み方に注意が必要なものを挙げてみよう。

高梁（たかはし）市	美作（みまさか）市
赤磐（あかいわ）市	新見（にいみ）市
真庭（まにわ）市	美咲（みさき）町
井原（いばら）市	和気（わけ）町

加茂川町と賀陽（かよう）町が合併した吉備中央町は、御津（みつ）郡と上房（じょうぼう）郡にまたがる合併になったため、それぞれの旧町名の最初の文字を取って、新しく加賀（かが）郡が設けられた。

一方、平成の大合併によって消滅した旧郡名もある。それぞれ地域の歴史や特色を伝える名前だけに惜しまれる。

邑久（おく）郡	後月（しつき）郡	吉備（きび）郡
阿哲（あてつ）郡	御津（みつ）郡	児島（こじま）郡
上房（じょうぼう）郡	赤磐（あかいわ）郡	川上（かわかみ）郡

Close UP 平成の大合併

備前県民局エリア

2005年に御津町、灘崎町を編入合併した岡山市はさらに2007年、瀬戸町と建部町を編入合併した。2007年時点の人口で全県の3分の1を超える約70万人を擁し、2009年4月政令指定都市へ移行した。

岡山市の東隣には邑久、長船、牛窓の3町が合併して人口約4万人の瀬戸内市が生まれ、兵庫県と境を接する備前市は吉永町、日生町と合併して人口は4万人を超えた。

旧赤磐郡のうち、岡山市への編入を選んだ瀬戸町を除く吉井、山陽、熊山、赤坂の4町は合併して新たに人口約4万4000人の赤磐市となった。また和気町と佐伯町は新しい和気町となり、加茂川町と賀陽町が合併して吉備中央町が生まれた。

備中県民局エリア

南部では県下第2の都市・倉敷市が真備町と船穂町を編入合併し、人口は約47万人（2007年）となった。このほかにも浅口郡の鴨方、金光、寄島の3町が集まって人口約3万7000人の浅口市となり、井原市は芳井、美星の両町を編入合併して人口約4万5000人、また総社市は清音、山手の両村と合併して人口は約6万7000人となった。

中部では、高梁市を中心に、周辺の成羽、備中、川上、有漢の各町が集まって人口約4万人の新しい高梁市となり、北部では従来から阿新地区と呼ばれてきた新見市と阿哲郡の大佐、哲西、哲多、神郷の4町が広域合併して人口約3万6000人の新しい新見市が誕生した。

美作県民局エリア

津山市は加茂、勝北、久米の3町と阿波村を編入合併した。また美作、英田、勝田、大原、作東の5町と東粟倉村が合併して人口約3万2000人の美作市が新しく生まれた。

苫田郡の鏡野、奥津両町と富、上斎原両村の2町2村は新しい鏡野町となった。また津山市の南には、旭、中央、柵原の3町が合併して美咲町が誕生している。

勝山、久世、落合、北房、湯原の5町と美甘、川上、八束、中和の4村は人口約5万2000人の真庭市となり、県内で最も広い行政区域となっている。

Close UP 統計データで岡山県が見えてくる？

[　]内は資料名

- 平均寿命（男）　81.90歳（全国第10位、全国平均81.49歳）
  [厚生労働省「令和２年都道府県別生命表」]
- 平均寿命（女）　88.29歳（全国第１位、全国平均87.60歳）
  [同上]
- 合計特殊出生率　1.39人（全国第20位、全国平均1.26人）
  [厚生労働省「令和４年人口動態統計」]
- 大学･短大数（人口10万人当たり）　1.39校（全国第３位、全国平均0.89校）
  [文部科学省「令和４年度学校基本調査」]
  総務省「人口推計」（令和3.10. 1時点）
- 都道府県立図書館個人貸出数　1,228,769冊（全国第1位、全国平均343,195冊）
  [令和４年度（公社）日本図書館協会調べ]
- 美術館数　16館（全国第８位）
  [文部科学省「令和３年度社会教育調査」]

問題

問1　岡山県に関する記述で、誤っているのはどれか。
　1　現在、岡山県の市町村数は21である。
　2　岡山市と倉敷市に県の人口の約60％が集中している。
　3　岡山県の面積は全国の都道府県の中で第17位である。

問2　岡山県の総面積は約7,100平方キロメートルであるが、そのうち最も割合が大きく約７割を占めるのはどれか。
　1　森林　　2　農地　　3　住宅地

問3　岡山県について正しい記述はどれか。
　1　岡山県は大学と短大の数が最も多い。（令和４年度）
　2　全国の都道府県立図書館の中で、入館者数と個人貸出冊数が10年連続１位である。（令和３年度）
　3　県民の平均寿命は、男性も女性も全国第１位である。（令和２年度）

【問1】1　【問2】1　【問3】2

2. 岡山の交通と物流

岡山は関西と九州、山陰と四国を結ぶ東西南北のクロスポイントに位置し、交通や物流基盤が充実している。山陽新幹線と6本の高速道路が走っている。本州と四国を短時間で結ぶ物流ルートの瀬戸大橋があり、国際コンテナターミナルの水島港、3000メートル滑走路や航空貨物ターミナルを備えた岡山空港なども整備されている。倉庫面積（1～3類）は102万5000平方メートル（平成26年3月末）で中・四国第1位となっており、国際的な物流拠点として新たなマーケットが期待されている。

鉄道

1972年に開通
山陽新幹線

山陽本線の輸送量が限界に近づいたことへの打開策として、国鉄（現JR）は東海道新幹線を西に延ばすことを計画した。その第1弾が新大阪～岡山間を走る山陽新幹線として実現し、1972（昭和47）年に岡山駅まで開通となる。

当時、最高時速210キロの「ひかり」に乗れば岡山から大阪まで58分、東京には4時間10分で到着した。岡山駅ではこれを機にホームや改札口の大幅な改装が行われた。続いて1974（昭和49）年には岡山駅に地下街も誕生し、多くの観光客を迎え入れた。

国鉄のキャッチフレーズ「ひかりは西へ」の言葉通り、1975（昭和50）年には岡山～博多間が開通して山陽新幹線が完成する。これにより東京～博多間の全線がつながり、新幹線は日本の中心部を結ぶ大動脈として機能することとなった。山陰および四国への乗換駅である岡山駅には、山陽新幹線のすべての列車が停車する。

在来線も多数
その他の鉄道

県内を運行する鉄道のうち、JR西日本が管轄する在来線は10路線ある。

赤穂線（東岡山駅～寒河駅）
因美線（東津山駅～美作河井駅）
姫新線（美作土居駅～新見駅）
桃太郎線（吉備線、岡山駅～総社駅）
芸備線（備中神代駅～野馳駅）
山陽本線（三石駅～笠岡駅）
津山線（岡山駅～津山駅）
伯備線（倉敷駅～新郷駅）
宇野みなと線（宇野線、岡山駅～宇野駅）
本四備讃線（茶屋町駅～児島駅）

このうち、宇野みなと線の岡山駅～茶屋町駅と本四備讃線の茶屋町駅～児島駅は、合わせて「瀬戸大橋線」という愛称で呼ばれている。

JR線以外では、水島工業地帯へと延びる水島臨海鉄道（倉敷市駅～三菱自工前駅）、フルネームの人名駅「宮本武蔵駅」が登場した智頭急行智頭線（宮本武蔵駅～あわくら温泉駅）、20世紀最後の年となった平成11年1月11日に開通した井原鉄道井原線（総社駅～子守唄の里高屋駅）がある。

観光客や岡山市民の足として親しまれる
路面電車

岡山市は全国でも数少なくなった路面電車が走る地方都市の一つだ。運行開始は1912（明治45）年で、中国地方最古の歴史をもっている。JR岡山駅正面入り口前の乗り場から発着しており、全長4.7キロ。東山線（岡山駅前－東山）と清輝橋線（岡山駅前－清輝橋）の２路線がある。

岡山市の中心部を走り、柳川電停で南と東に分岐。観光客や市民の足として親しまれている。運営する岡山電気軌道は、平成３年に全国初の女性運転士を誕生させて注目を浴びた。また平成14年には岡山出身の水戸岡鋭治がデザインした超低床路面電車「MOMO」を導入、続いて平成16年にはレトロ電車「KURO」を運行して話題を呼んだ。

高速道路と鉄道で四国―本州間を結ぶ
瀬戸大橋

道路・鉄道併用橋としては世界最大級の規模を誇る。上部に4車線の高速道路（瀬戸中央自動車道）、下部にJR瀬戸大橋線が走る2層構造の橋となっている。3つの吊り橋（下津井瀬戸大橋、北・南備讃瀬戸大橋）と2つの斜張橋（櫃石(ひついし)島橋、岩黒島橋）、1つのトラス橋（与島(よしま)橋）から成り、この6つの橋とこれらをつなぐ高架橋を総称して「瀬戸大橋」と呼んでいる。

本州と四国を陸続きにする「夢の架け橋」は、延べ900万人の工事従事者と9年半の工期を費やして1988（昭和63）年に開通した。

全長は9368メートルで、道路と鉄道のほか、光ファイバーや電力ケーブル、水道管が通っている。北・南備讃瀬戸大橋は海面から橋桁までの高さは65メートル以上あり、世界最大の50万トン級の大型船もゆうゆうと通過できる。

最も本州寄りにある下津井瀬戸大橋のほぼ中央が岡山県と香川県の県境である。車を利用する場合、岡山県側は早島ICで国道2号と山陽自動車道に接続、香川県側は坂出(さかいで)ICで国道11号と高松自動車道に接続する。橋の途中には与島パーキングエリアがある。

都市間を結ぶ幹線道路
国道

県南の人口集中地帯を東西に横断する国道2号は利用度の高い幹線で、備前市から岡山・倉敷の両市を経由し笠岡市へとつながっている。国道30号は岡山市と玉野市を結ぶ道路で、周辺の急激なベッドタウン化に伴って交通量が増加している。国道53号は山陰と山陽を結ぶ南北道路で、岡山市から津山市、奈義町を経て鳥取県へと抜ける。国道180号は高梁川に沿って県西部を南北に延びる路線で、岡山市、総社市、高梁市、新見市を通っている。

四国から山陰まで一気に縦断

高速道路

岡山県内には6本の高速道路が走っている。県南を横断する山陽自動車道、県北を横断する「中国自動車道」、県北と鳥取県を結ぶ「米子(よなご)自動車道」、県南と県北を直結する「岡山自動車道」、瀬戸内海を越えて中・四国を結ぶ「瀬戸中央自動車道」、中国自動車道と鳥取県を結ぶ「鳥取自動車道」である。

このうち平成9年に岡山自動車道が開通したことによって、四国から山陰まで一気に縦断できるようになった。どこからでも便利に短時間でアクセスできる岡山県は、中・四国の交通の要としてますます重要な位置を占めている。

物流

日本有数の貿易港

水島港

高梁(たかはし)川の河口に位置する水島港は「国際拠点港湾」に指定されており、中四国地域第1位の取扱貨物量を誇る、日本有数の貿易港である。東側が水島臨海工業地帯のある生産拠点の水島地区、西側が旧玉島港を含む物流拠点の玉島地区となっている。玉島地区には国際コンテナターミナルと国際バルクターミナルが整備された玉島ハーバーアイランド（人工島）があり、国際海上輸送網の拠点として注目を集めている。

また水島港は中四国の交通のクロスポイントである岡山県南部に位置し、岡山県製造品出荷額の約半数を占めており、岡山県の経済をけん引する海の玄関口としての機能を果たしている。

好立地で高い利便性

岡山桃太郎空港(岡山空港)

旧岡山空港(現岡南飛行場)は1962(昭和37)年に岡山市南区浦安南町に開港し、YS11型機による東京と鹿児島への定期便が就航していた。1988(昭和63)年にジェット機の就航が可能な新空港が岡山市北区日応寺に開港した。新しい岡山空港は市内中心部から約18キロ、山陽自動車道岡山ICから車で10分という好立地にある。高速道路の利用により大阪、広島、米子、高知までが2時間圏域に入り、広域貨物輸送に極めて利便性が高いため、西日本の拠点空港として利用されている。

平成10年に新航空貨物ターミナルを開業し、平成13年10月から滑走路が3000メートルに延長された。

物流拠点として経済活動を支える

岡山県総合流通センター

岡山市と早島町にまたがる西日本屈指の物流拠点。県は事業費330億円を投じて、1984(昭和59)年から1994(平成6)年まで丘陵地の開発を行い、造成された約200ヘクタールの敷地に、卸・運輸・倉庫業の約110社が進出している。山陽自動車道、岡山自動車道、瀬戸中央自動車道がクロスする地の利を持ち、早島ICから高速道路を利用して広島、米子、大阪、高知までが約2時間の圏域内に入る。

西日本の交通の要衝にある岡山の物流拠点としての優位性が活かされているだけでなく、物流施設をここに集約することで、都市の交通渋滞解消や流通のコスト削減などにも大きく貢献している。同センター内には、総合展示場「コンベックス岡山」、産業情報センター「テレポート岡山」などの施設もある。

Close UP 岡山のユニバーサルデザイン

ユニバーサルデザイン（UD）は、年齢、性別、能力、国籍等にかかわらず、すべての人にとって安全・安心で、利用しやすい環境を提供していくというもの。岡山県のあらゆる施策にUDの考え方を取り入れるとともに、「だれもが暮らしやすいおかやまづくり」を進めている。県庁県民室、県立図書館、県総合グラウンド陸上競技場など、次々とUDに配慮した施設がオープンするなど、「おかやまUD」がハード・ソフトともに広がっている。

岡山は点字ブロック発祥の地

岡山は、視覚障害者が安心して歩けるように設置される点字ブロック（正式名称は視覚障害者誘導用ブロック）の発祥の地である。1965（昭和40）年、岡山市の自営業者で発明家の三宅精一が、友人の失明をきっかけに考案。1967年に岡山県立岡山盲学校に近い国道250号原尾島交差点（岡山市中区）の周辺に世界で初めて敷設された。今では日本全国のみならず150以上の国に広まっている。2010（平成22）年には同交差点に、点字ブロック発祥の地の記念碑が建てられた。

問題

問1　岡山県内には、その土地ゆかりの人物の名を冠した駅がいくつかあるが、実在しないのはどれか。

1　方谷駅　　2　雪舟駅　　3　吉備真備駅

問2　岡山市には、全国でも数少なくなった路面電車が走っている。平成14年に導入された、水戸岡鋭治氏がデザインした超低床路面電車の愛称はどれか。

1　YUMEJI　　2　KURO　　3　MOMO

問3　瀬戸大橋には橋がいくつあるか。

1　5つ　　2　6つ　　3　7つ

問4　岡山県内に走っている高速道路のうち、最も早く全線開通したのはどれか。

1　中国自動車道　　2　山陽自動車道　　3　米子自動車道

【問1】2　【問2】3　【問3】2　【問4】1

3. 岡山の主な産業

倉敷市南部の水島臨海工業地帯は、鉄鋼、化学製品、石油精製、自動車製造などの工場が並び、わが国屈指の石油化学コンビナート地帯となっている。また倉敷市児島地区と井原市は繊維産業、玉野市は造船業、備前市は耐火レンガの生産で全国的に知られている。農業は県内総生産の約1.0%に過ぎないが、白桃やマスカット、黒大豆などの特産品があり、牧畜では千屋（ちや）牛に代表される岡山和牛、蒜山（ひるぜん）高原のジャージー牛が飼育されている。漁業では備前市日生（ひなせ）地区などで牡蠣（かき）の養殖が行われ、全国でも主要な産地となっている。

工　業

県全体の半分近くの出荷額を担う
水島臨海工業地帯

太平洋戦争末期に空襲を受けた水島地区は、戦後の港湾浚渫（しゅんせつ）と埋立事業によって整備され、県が積極的な企業誘致を行って一大工業地帯へと発展してきた。水島工業地帯の製造品出荷額等は県全体の45.5%（2020年）を占めており、県経済の中核として重要な役割を担っている。

繊維産業

全国1位のシェアを誇る
男女学生服

繊維産業が盛んだった倉敷市児島地区では、大正末期から昭和にかけて学生服の生産が始まった。県外から集団就職してきた女性労働力によって生産を伸ばし、1956（昭和31）年には全国生産の7割を占めるようになった。現在も岡山県が全国シェア1位（令和3年経済センサス-活動調査）である。

ユニフォームは全国２位の出荷額

織物製事務用・作業用・衛生用衣服

1970年代以降、時代の変化で学生服離れが進み、多くの学生服メーカーは事務服、作業服、白衣、各種企業ユニフォームなどに活路を見出した。機能性とファッション性を備えた多品種少量生産にも対応し、出荷額は岡山県が全国２位（令和３年経済センサス - 活動調査）となっている。

こだわりのブランドが集まる

デニム製品

ジーンズに代表されるデニム製品は、井原市や倉敷市が生産の中心地となっている。特に国産ジーンズ発祥の地とされる倉敷市児島地区には、高い技術を誇る日本有数のジーンズブランドが数多く存在し、カジュアルファッションの一大発信地となっている。児島地区では産業観光としてジーンズバスが運行されている。

確かな品質と洗練されたデザインが人気

帆布（はんぷ）製品

繊維の街・倉敷市児島地区は、もともと日本一の帆布（キャンバス生地）生産地だった。近年、帆布製品の人気が高まり、その丈夫さとシンプルかつバラエティー豊かなデザインで注目されつつある。

その他

全国１位の出荷額

耐火れんが →参照48頁

耐火れんがの出荷額は岡山県が全国１位（令和３年経済センサス - 活動調査）。主に溶鉱炉に使用されるが、近年はガーデニング資材や水質浄化用のセラミックスなどを開発して新たな市場を開拓した。

伝統技術に現代感覚を取り入れて
い草製品 →参照46頁

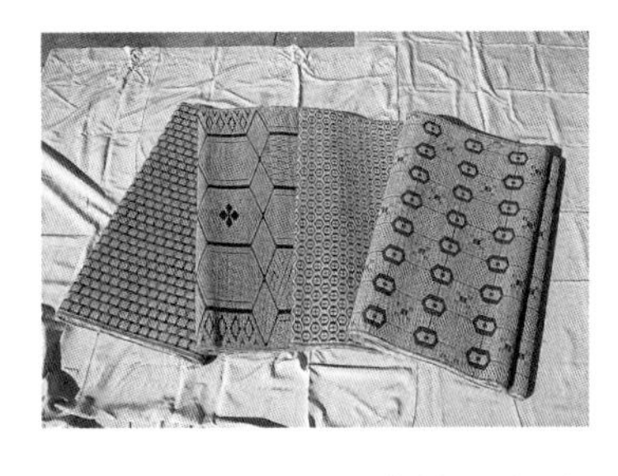

早島町をはじめ、い草の産地として知られてきた岡山県では、伝統に培われた製織技術をもとに畳表のほか各種い草製品を生産している。中でも、い草を染色して模様を織り出した「織込花莚（花ござ）」が有名。現代感覚を取り入れたラグやスリッパなどもある。花むしろ・ござの出荷額で岡山県は全国２位（令和３年経済センサス-活動調査）を占める。

世界でもトップクラスの技術力
真田帽子

笠岡市周辺では、麦材料（真田）を素材にした帽子製造が地場産業として定着している。麦稈真田と呼ばれるブレード（細い組紐）の縫製では世界でもトップクラスの技術力を誇る。

農水畜産業

「くだもの王国」岡山の代表格
白桃 →参照46頁

くだもの王国･岡山の象徴ともいえる特産品が白桃だ。桃の生産は、明治30年代から昭和30年代までは全国で１～２位の栽培規模を誇っていたが、現在では山梨、福島、長野などに次いで全国第６位となっている。主要産地は岡山市、倉敷市、赤磐市などである。

白桃は一つずつ袋をかけ直接日光が当たらないように育てられる。色白で美しく、肉質は甘くて緻密。雨が少なく温暖な気候が桃の生育に適しており、明治初期の苗木導入以来改良が重ねられ、これまでに多くの品種が岡山から誕生した。1901（明治34）年に命名された「白桃」と、1932（昭和７）年に命名された「清水白桃」が、特に優れた品質で知られ、最も人気が高い。旬は「白桃」が８月中旬、「清水白桃」は７月下旬～８月上旬である。

豊かな香りと上品な甘さで魅了する

マスカット・オブ・アレキサンドリア

マスカットは白桃と並んで岡山を代表する果物である。エメラルドグリーンの大きな粒は、豊かな香りと甘さから「果物の女王」と評される。原産はエジプトで、降水量の少ない県南部の温暖な気候風土と、優れた栽培技術が品質のよい果実を育んできた。岡山県は全国の90%以上の生産量を誇り、岡山市北区一宮、津高、御津（みつ）、倉敷市船穂町などが主な産地となっている。加温栽培のものは６～８月、冷室栽培（無加温）のものは９～12月に出荷される。最近では、マスカットから派生した「瀬戸ジャイアンツ」や「シャインマスカット」といった、種がなく皮ごと食べられる品種も人気を集めている。

みずみずしい大粒の黒ブドウ

ピオーネ

ピオーネは、巨峰とカノンホール・マスカットを交配して生まれた品種で、大粒のみずみずしい果肉と豊かな香りが特徴。昭和40年代前半に瀬戸内市邑久（おく）町に導入され、その後難しい条件を克服しながら、安定した収量が得られるようになった。特に岡山県で種なしの技術が開発されたピオーネは大粒で種がなく、また皮離れがよくて甘いことから、消費者から高い支持を得ており岡山県ぶどうの主力品種となっている。また、県内のほぼ全域で栽培され生産量は岡山県が全国１位。県内をはじめ、京阪神や東京市場に出荷されている。

注目の食材

黄ニラ、パクチー、マッシュルーム

黄ニラの主な生産地は、旭川下流の砂壌土地帯の岡山市北区玉柏と牟佐地区。黄ニラの生産量は、全国の約９割で全国一。緑色のニラを、光を遮断して栽培し、葉緑素の発生を抑えて黄色にしている。柔らかさの中にシャキシャキとした歯ごたえがあり、ほんのりとした甘みがある。同地区では黄ニラ栽培の傍らパクチーの栽培も盛んで、生産量は全国トップクラス。また、瀬戸内市牛窓地区ではマッシュルームの栽培が盛ん。牛窓は、全国シェアの約３割を占め、出荷量は全国２位。

Close UP 経済・産業統計に見る岡山県

岡山県の県内総生産（名目）は７兆8425億円（内閣府「令和元年度県民経済計算」）で、これは全都道府県中22位にランクされ、シェアは1.4%となっている。製造品出荷総額は７兆601億円（令和３年）で、こちらは全都道府県中16位。また産業構造の比率でも岡山県は製造業が最も高く、全国平均を上回っている。こうした統計から「ものづくり県」という岡山県の特徴が浮かび上がってくる。

一方、情報環境という点で見た場合、岡山は全国のトップレベルにある。全国の自治体に先がけ、県内全域を結ぶ高速大容量の光ファイバー網「岡山情報ハイウェイ」を構築し、市町村役場と自治体内の公共施設をネットワークで結ぶ地域公共ネットワーク整備率は平成16年に100%となった。また、情報ハイウェイにはCATVやインターネットサービスプロバイダも接続しており、県民のインターネット基盤として活用されている。

全国で上位を占める岡山県の農林水産物			
品目名称	栽培面積	単位	順位
マスカット・オブ・アレキサンドリア	39（令和２）	ha	1
ピオーネ	799（令和２）	ha	1
もも（清水白桃）	226（令和２）	ha	1
黄にら	13.6（令和２）	ha	1
黒大豆（丹波黒）	1,115（令和３）	ha	2
カキ（殻付き）	14,798（収穫量）（令和３）	トン	3
スイートピー	476（令和３）	α	3

資料：岡山県 HP

出荷額が全国で上位を占める岡山県の工業製品		
品目名称	全国順位	全国シェア（%）
男女学生服	1	59.2
繊維製袋	1	15.9
集成材	1	19.1
耐火れんが	1	34.1
畳表	1	61.4
ニット製スポーツ衣服	1	25.6
水あめ、麦芽糖	1	30.1
ポリビニルアルコール	1	58.8
醸造用機械	1	43.8
田植機	2	30.0
水素ガス	2	13.0
乳飲料、乳酸菌飲料	3	8.1

資料：令和３年度経済センサス - 活動調査（製造業）

ジューシーで濃厚な香りと味

足守(あしもり)メロン

岡山市北部の足守地区は県内有数のメロン産地。香りはよいが栽培の難しい「アールス・フェボリット」が主な品種。一年を通じて温室で栽培され、毎年10月には足守川河川敷を会場に「足守メロンまつり」が開かれる。

大玉で贈答用にも喜ばれる

梨

一玉が1～2キログラムもある大玉品種の「愛宕(あたご)梨」は、主に岡山市東部で栽培され、岡山県が全国一の生産量を誇る。そのほかの品種では、真庭市や津山市などで栽培される大玉で甘みのある「新高(にいたか)梨」、岡山市東区雄神地区で栽培される「鴨梨(ヤーリー)」などが有名。いずれも贈答用として人気が高い。

健康食材としても注目

黒大豆(くろだいず)

昭和40年代の減反政策を受け、米の転作作物として当時の勝英(しょうえい)地区で黒大豆（品種：丹波黒）を栽培したところ、気候風土が適し、大変良質な大粒の黒大豆が収穫された。それ以来、需要の伸びとともに栽培が普及し、今では県内のほぼ全域で生産され、全国有数の産地となっている。

黒大豆は、たんぱく質、カルシウム、鉄分、ビタミンなどをバランスよく含む健康食材として注目を集めている。岡山県では、黒大豆のブランド化推進のため平成14年に県内で生産される黒大豆を「おかやま黒まめ」とし、黒大豆を使ったさまざまな特産品を全国に発信している。また、令和元年から枝豆用黒大豆「岡山SYB 1号」の普及も進めている。

みずみずしく柔らかい夏大根
蒜山（ひるぜん）大根

蒜山高原の開墾が始まった1947（昭和22）年当初は、主に漬物などの加工用として出荷されていたが、昭和30年代以降、生鮮野菜として本格的な栽培が始まった。蒜山高原の広大な面積と涼しい気候、そして「黒ボク土」とよばれる火山灰質の土壌が、ダイコンの育成に適している。収穫は5月下旬から11月中旬まで。京阪神地方や中国地方各地に出回っている。

健康効果で人気
オリーブ

瀬戸内市牛窓（うしまど）町は、香川県の小豆島と並ぶ国内有数のオリーブの産地。日照時間が長くて雨の少ない気候が地中海地方原産のオリーブの育成に適している。1942（昭和17）年に㈱日本オリーブの創始者である服部和一郎が「牛窓オリーブ園」を拓き、現在約10ヘクタールの園内に約2000本の成木が植えられている。同社では、食用油や化粧品、漬物など約146種類のオリーブ製品の販売も行っている。

あっさりとした甘みですし飯に最適
朝日米（あさひまい）

米どころ岡山を代表する品種が朝日米だ。1925（大正14）年「京都旭」から選抜育成された歴史のある銘柄で、コシヒカリやササニシキもこの朝日米がルーツである。収穫が10月下旬と遅く、倒れやすいなど栽培が難しい品種であるが、生産者の努力により栽培が続けられてきた。

大粒であっさりとした甘みをもち、冷めても固くならず口当たりがよいことから、すし飯にも最適とされる。ばらずし、鯖（さば）ずし、ママカリずしなど、岡山の郷土料理との相性がよく、料亭や寿司職人から支持を得ているブランド米となっている。

コクのあるおいしさ
ジャージー牛

岡山県は北海道に次ぐジャージー牛飼育地。真庭市蒜山高原には広大な牧草地があり、気候が北海道に似て乳牛の飼育に適していることから、1954（昭和29）年に初めてニュージーランドからジャージー牛が導入された。ホルスタイン牛のものより脂肪分が高くてミネラルに富んだ牛乳は、甘くてコクがあり、おいしいと全国的にも人気が高い。その良質な牛乳からは、ヨーグルト、カマンベールチーズ、アイスクリームなどの加工品も作られている。

古くから飼育の歴史
おかやま和牛

岡山県域での和牛飼育の歴史は古く、中国山地を中心に、優良系統の牛が丹精込めて飼育されてきた。特に優良な繁殖牛を蔓牛といい、江戸後期に新見市神郷町の浪花元助が優良牛を集め改良を重ねた「竹の谷蔓」がおかやま和牛の祖といわれる。

「おかやま和牛肉」は、県内２の指定産地で育てられた黒毛和種のうち、（公社）日本食肉格付協会の格付等級3等級以上BMS No.4以上の肉質の確かなものだけに与えられる銘柄だ。霜降り肉の深くふくよかな味わいは、全国的にも評価が高い。また新見市北部の千屋地区は江戸時代に牛馬市でにぎわったところで、現在も「千屋牛」のブランドで知られている。

大粒で味がよい
岡山かき

岡山の牡蠣は本格的に養殖が始まった虫明湾を中心に、瀬戸内市邑久町や牛窓町、備前市日生町、浅口市寄島町、笠岡市などがおもな漁場となっている。県下の収穫量は全国第３位で、大粒で味のよい「岡山かき」として出荷されている。カキの出荷時期は10月下旬から４月上旬で、新鮮な殻つきカキも人気が高い。

昭和から平成、令和までオンリーワンの農産物
おかやま有機無農薬農産物

昭和63年度に全国に先駆けて岡山県独自に「岡山県有機無農薬農産物」の認証制度としてスタートし、平成13年度からは、「おかやま有機無農薬農産物」として、国の有機JAS規格を基本に、「化学合成肥料及び農薬（天敵を除く）の使用をすべて避ける」「土作りは、堆肥や天然資材を使用し、病害虫防除は、耕種的、物理的、生物的防除により行う」など、より厳しい基準で独自に認証している農産物。環境への負荷を低減した持続可能な生産方式で栽培された農産物として注目されている。

Close UP ［+α］戦後活躍した岡山出身の経済人

土光敏夫（どこうとしお）〔1896（明治29）年～1988（昭和63）年〕は岡山市北区北長瀬（御津郡大野村）生まれ。関西中学から東京高等工校（後の東京工大）を経て、1920年に東京石川島造船所に入社。1950年に石川島重工業の社長となって経営再建を進め、播磨造船との大型合併を実現している。1965年には経営不振の東芝に社長として迎えられ、ここでも再建に取り組んだ。1974年から経団連会長に就任。また第二次臨時行政調査会や臨時行政改革推進審議会の会長を歴任して、今度は石油ショック後の日本経済の建て直しに尽力し、「増税なき財政再建」や「三公社民営化」という行政改革を推進した。その質素な暮らしぶりから「めざしの土光さん」と呼ばれた。

岡崎嘉平太（おかざきかへいた）〔1897（明治30）年～1989（平成元）年〕は加賀郡吉備中央町（吉備郡大和村）生まれ。旧制岡山中学、東京の一高を経て東京帝大に進み、卒業後は日本銀行に入る。ドイツ駐在を経て1938（昭和13）年から上海に駐在、日銀退職後は大東亜省参事官や在中華民国大使館参事官などを歴任。戦後は池貝鉄工所や丸善石油の再建に携わった後、日本ヘリコプター輸送（全日空）の設立に加わり、1961年から1967年まで全日空社長を務めた。また日中貿易の発展に寄与して周恩来とも親交を持ち、中国訪問は100回以上を数えるなど、生涯を日中友好事業の発展に尽くした。

石津謙介（いしづけんすけ）〔1911（明治44）年～2005（平成17）年〕は紙問屋の次男として岡山市に生まれる。岡山一中から明治大商科専門部を卒業後、いったんは岡山で家業を継ぐ。1939年に中国の天津（てんしん）に渡って大川洋行に勤務、アパレル産業に足を踏み入れる。終戦後に帰国するとレナウンを経て1951年に独立、メンズアパレル「VAN」を創業。そのアイビールックは1960年代当時の若者に大流行した。また東京、札幌の両オリンピックや大阪万博のユニフォームを手がけ、「T.P.O.」という言葉も生み出している。

Close UP **海外との友好提携**

岡山県では、日中友好事業の発展に尽くした名誉県民・岡崎嘉平太（参照211頁）の紹介で交流を始めた江西省（中国）と平成４年に友好提携を締結したのを皮切りに、海外の５つの自治体と友好交流協定を結び、相互訪問をする等、様々な交流事業を進めている。

[海外の友好提携先]

江西省（中国）	平成４（1992）年
南オーストラリア州（オーストラリア）	平成５（1993）年
プーネ市（インド）・マハーラーシュトラ州）	平成18（2006）年
ピンプリ・チンチワッド市（　同上　）	平成18（2006）年
慶尚南道（韓国）	平成21（2009）年

問題

問１　倉敷市児島地区は国産のあるものの発祥の地とされている。近年、そのショップが連なる通りが「児島（　）ストリート」と呼ばれているが、（　）に入る語句はどれか。

１　ジーンズ　　２　帆布　　３　シルク

問２　岡山県の工業製品で全国順位（平成25年）が１位でないのはどれか。

１　醸造用機械　　２　ナイロン漁網　　３　耐火れんが

問３　ぶどうは岡山を代表する果物であるが、エジプト原産で、「果物の女王」と評されるのはどれか。

１　瀬戸ジャイアンツ　　２　ピオーネ

３　マスカット・オブ・アレキサンドリア

問４　岡山県の発展に功績があった者に贈られる岡山県名誉県民の称号は、平成27年時点で７名に贈られている。そのなかで、長年にわたり経済団体連合会会長等を務め、国の政策形成にも寄与したのは誰か。

１　谷口澄夫　　２　土光敏夫　　３　岡崎嘉平太

【問１】１　【問２】２　【問３】３　【問４】２

Close UP 著名な建築家の近現代建築物

岡山県内には、日本を代表する著名な建築家が手がけた近現代建築が数多く残されている。美しさと機能性を追求した近現代建築をアート作品ととらえ、見学して回る人も多い。岡山の代表的な近現代建築を設計した主な建築家には、薬師寺主計（1884～1965年）、前川國男（1905～1986年）、浦辺鎮太郎（1909～1991年）、丹下健三（1913～2005年）、岡田新一（1928～2014年）、安藤忠雄、磯崎新、隈研吾などがいる。

林原美術館

著名建築家による主な近現代建築

岡山県庁舎（岡山市北区内山下）＝前川國男
岡山県天神山文化プラザ（岡山市北区天神町）＝前川國男
林原美術館（岡山市北区丸の内）＝前川國男
おかやま信用金庫内山下スクエア（岡山市北区内山下）＝安藤忠雄
ルネスホール（旧日本銀行岡山支店、岡山市北区内山下）＝長野宇平治
岡山市立オリエント美術館（岡山市北区天神町）＝岡田新一（参照56頁）
岡山県立美術館（岡山市北区天神町）＝岡田新一（参照56頁）
岡山西警察署（岡山市北区野殿東町）＝磯崎新
Junko Fukutake Terrace Hall
（岡山市北区鹿田町、岡山市北区津島中）=SANAA

おかやま信用金庫内山下スクエア

ルネスホール

岡山県立美術館

大原美術館（倉敷市中央）＝薬師寺主計（参照150頁）
有隣荘（倉敷市中央）＝薬師寺主計
旧中国銀行倉敷本町支店（倉敷市白楽町）＝薬師寺主計
倉敷アイビースクエア（倉敷市本町）＝浦辺鎮太郎（参照150頁）
倉敷市役所（倉敷市西中新田）＝浦辺鎮太郎
倉敷国際ホテル（倉敷市中央）＝浦辺鎮太郎
倉敷市民会館（倉敷市本町）＝浦辺鎮太郎
倉敷公民館（倉敷市本町）＝浦辺鎮太郎
倉敷市立美術館（倉敷市中央）＝丹下健三（参照57頁）

有隣荘

倉敷アイビースクエア

高梁市成羽美術館（高梁市成羽町下原）＝安藤忠雄
鬼ノ城ゴルフ倶楽部（総社市奥坂）＝隈研吾
奈義町現代美術館（勝田郡奈義町豊沢）＝磯崎新
津山文化センター（津山市山下）＝川島甲士

奈義町現代美術館

薬師寺主計

大原孫三郎に招かれ倉敷絹織株式会社（現・株式会社クラレ）の取締役に就任。大原美術館本館や倉紡中央病院（現・倉敷中央病院）、第一合同銀行本店（現・中国銀行）など、大原家の関わる施設の多くの設計を手がけた。

前川國男

世界建築家ル・コルビュジエの元で学び、モダニズム建築の旗手として日本建築界をリードした建築家。1964年の東京オリンピックのために建設された国立代々木競技場を手がけた丹下健三は前川事務所の出身。

浦辺鎮太郎

倉敷市児島出身。倉敷レイヨン（現・クラレ）に入社し、退社後は倉敷建築事務所（浦辺建築設計事務所）として独立。大原総一郎の構想する倉敷のまちづくりを支え、総一郎の死去後も倉敷に関連する建築を数多く残している。

丹下健三

「世界のタンゲ」とも呼ばれ、早くから日本国外でも活躍。倉敷市立美術館や国立代々木競技場、広島平和記念公園、新東京都庁舎、香川県庁舎などを手がけている。また磯崎新や黒川紀章などの世界的建築家を育成したといわれる。

岡田新一

最高裁判所新庁舎の設計競技で最優秀作品にえらばれる。岡山市立オリエント美術館、岡山県立美術館などを手がける。

安藤忠雄

コンクリート打ち放しを多用した作風で知られ、「建築界のノーベル賞」ともいわれるプリツカー賞を受賞している。成羽町美術館や環太平洋大学を手がけ、香川県直島のベネッセハウス ミュージアム（地中美術館）も設計している。

磯崎　新

ポストモダン建築を牽引した建築家の一人であるといわれ、プリツカー賞を受賞している。岡山西警察署や奈義町現代美術館・奈義町立図書館を設計。

隈　研吾

1990年代半ば以降、木材を使うなど「和」をイメージしたデザインを多く手がける。サントリー美術館や新国立競技場（オリンピックスタジアム）も設計した。鬼ノ城ゴルフ倶楽部クラブハウスを設計。蒜山高原の観光文化施設「グリーナブル ヒルゼン」内にある「風の葉」「蒜山ミュージアム」などの設計を手がけている。

長野宇平治

日本建築士会初代会長。東京駅を設計した辰野金吾の弟子として知られ、銀行建築を多く残している。

SANAA

妹島和世と西沢立衛による建築家ユニット。金沢21世紀美術館を手がけ、海外での建築作品も多い。プリツカー賞を受賞している。

参 考 文 献（順不同）

『岡山県大百科事典』上巻・下巻、岡山県大百科事典編集委員会編（山陽新聞社）
『岡山県歴史人物事典』歴史人物事典編纂委員会編（山陽新聞社）
『岡山県人名鑑』山陽新聞社編（山陽新聞社）
『家族で楽しむ岡山－ふるさとガイド－』山陽新聞社編（山陽新聞社）
『岡山これ一冊』山陽新聞社編（山陽新聞社）
『岡山の祭りと行事』上・下、山陽新聞社編（山陽新聞社）
『備前焼　その技と人』上西節雄（山陽新聞社）
『岡山の味と民芸』山陽新聞社出版局編（山陽新聞社）
『おかやま四季の味』山陽新聞社出版局（山陽新聞社）
『瀬戸内の釣魚料理』山陽新聞社編（山陽新聞社）
『岡山くだもの紀行』山陽新聞社編（山陽新聞社）
『備前刀』臼井洋輔（山陽新聞社）
『吉備の考古学的研究』上・下、近藤義郎編（山陽新聞社）
『歴史とロマンの旅　古代吉備国』山陽新聞社編（山陽新聞社）
『群像おかやま』山陽新聞社編集局編（山陽新聞社）
『楯築遺跡』山陽カラーシリーズ３、近藤義郎（山陽新聞社）
『吉備の巨墳』山陽カラーシリーズ10、高橋護・中村昭夫（山陽新聞社）
『吉備古代山城　鬼ノ城』山陽カラーシリーズ21、葛原克人・今滝雅路（山陽新聞社）
『吉備津神社』山陽カラーシリーズ17、藤井駿・坂本一夫（山陽新聞社）
「日食で平氏が源氏に勝った水島合戦!?」『不思議発見　岡山のなぞ!?』三宅克広（山陽新聞社）
『吉井川』川の会 写真/吉沢利忠 文（山陽新聞社）
『林原美術館所蔵平家物語絵巻紀行』（中国新聞社）
『中世の村を歩く』石井進（朝日新聞社）
『人物おかやま一世紀』朝日新聞社編（朝日新聞社）
『岡山の和菓子』太郎良裕子著（日本文教出版）
『岡山の交通』藤澤晋（日本文教出版）
『岡山の駅』難波数丸（日本文教出版）
『岡山の路面電車』楢原雄一（日本文教出版）
『岡山の古墳』鎌木義昌（日本文教出版）
『岡山の人物』黒崎秀明（日本文教出版）
『前方後円墳集成』中国・四国編、近藤義郎編（山川出版社）
『倉敷・岡山散歩25コース』太田健一編（山川出版社）
『岡山県の歴史散歩』岡山県高等学校教育研究会社会科部会歴史分科会 編（山川出版社）
『岡山県の歴史』藤井学ほか著（山川出版社）
『岡山県の考古学』近藤義郎編（吉川弘文館）
『古代を考える　吉備』門脇禎二・狩野久・葛原克人編（吉川弘文館）
『街道の日本史40　吉備と山陽道』土井作治他編（吉川弘文館）
『吉備の考古学　吉備世界の盛衰を追う』近藤義郎・河本清編（福武書店）
『博学紀行岡山県』市川正巳監修（福武書店）
「キネマ旬報」（キネマ旬報社）
『日本映画人名事典』キネマ旬報社編（キネマ旬報社）
『岡山県　人物・人材情報リスト』（日外アソシエーツ）
『プロ野球人名辞典』森岡浩編著（日外アソシエーツ）
『図説　明治人物事典』湯本豪一編（日外アソシエーツ）
『新訂　作家・小説家人名事典』日外アソシエーツ編（日外アソシエーツ）
『窯別ガイド　日本のやきもの　備前』上西節雄（淡交社）
『図説　岡山県の歴史』近藤義郎・吉田晶編（河出書房新社）
『古代の日本　第４巻　中国・四国』近藤義郎・上田正昭編（角川書店）

『日本の古代遺跡23　岡山』間壁忠彦・間壁葭子（保育社）
『岡山県の歴史』谷口澄夫他編（ぎょうせい）
『庄園解体過程の研究』杉山博（東京大学出版会）
『岡山県郷土資料事典　ふるさとの文化遺産』人文社観光と旅編集部編（ゼンリン）
『日本史辞典』小葉田淳ほか編著（数研出版）
『コンサイス　日本人名辞典』（三省堂）
『ビジュアル版　人間昭和史８』（講談社）
『大相撲人物大事典』「相撲」編集部編（ベースボールマガジン社）
『現代日本人物事典』（旺文社編）
『岡山県人』黒崎秀明（新人物往来社）
『大日本百科事典 JAPONICA』（小学館）
『20世紀物故日本画家事典』酒井一人編（美術年鑑社）
『人間国宝事典』工芸技術編（芸艸堂）
『日本文化私観』ブルーノ・タウト著（明治書房）
『日本人名大辞典』（講談社）
『日本美術史事典』（平凡社）
『垣間みた吉備の原始古代』近藤義郎（吉備人出版）
『月の輪古墳』吉備考古ライブラリィ１、近藤義郎（吉備人出版）
『鬼ノ城と大廻り小廻り』吉備考古ライブラリィ２、村上幸雄・乗岡実（吉備人出版）
『吉備の古墳　上　備前・美作』吉備考古ライブラリィ４、乗岡実・行田裕美編（吉備人出版）
『吉備の古墳　下　備中・備後』吉備考古ライブラリィ５、葛原克人・古瀬清秀編（吉備人出版）
『寒風古窯址群－須恵器から備前焼の誕生へ－』吉備考古ライブラリィ７、山本悦世（吉備人出版）
『楯築弥生墳丘墓』吉備考古ライブラリィ８、近藤義郎（吉備人出版）
『こうもり塚と江崎古墳』吉備考古ライブラリィ９、藤田憲司（吉備人出版）
『たたら製鉄』吉備考古ライブラリィ 10、光永真一（吉備人出版）
『沼遺跡と美作の弥生集落』吉備考古ライブラリィ 11、中山俊紀（吉備人出版）
『おかやま歴史の旅百選』吉備人出版編集部（吉備人出版）
『まるわかり岡山』岡山県観光連盟編集（吉備人出版）
「特集　源平水島・藤戸合戦八百年」『高梁川』41（高梁川流域連盟）
「製鉄炉と製炭窯―八ツ目鰻考―」『古代吉備』第22集、安倉清博
「吉備の前期古墳　Ｉ浦間茶臼山古墳の測量調査」『古代吉備』第９集、宇垣匡雅
「『たまがき』書状は自筆か？」桑山浩然（『古文書研究』53、日本古文書学会）
「岡山県総合文化センターニュース」438号
『倉敷人物百選』森脇正之編（倉敷文庫刊行会）
『おかやま人物風土記』（岡山県広報協会編）
『おかやまの自然第２版』岡山県環境保健部自然保護課編（岡山県）
『巨樹老樹を訪ねて』（岡山県環境保健部自然保護課）
『東備路　名所・旧跡・ひとの旅』（岡山県東備地方振興局）
『岡山県の文化財』（一）（二）（三）（岡山県教育委員会）
『岡山県の近代化遺産』（岡山県教育委員会）
『岡山後楽園史』（岡山県・岡山県郷土文化財団）
『おかやまの味』（岡山県郷土文化財団)
『岡山県史』考古資料、原始・古代１、編年史料、家わけ史料、岡山県史編纂委員会（岡山県）
『総社市史』考古資料編、総社市史編さん委員会（総社市）
『森山古墳・両宮山古墳』山陽町文化財調査報告２、宇垣匡雅（山陽町教育委員会）
『大廻小廻山城跡発掘調査報告』乗岡実（岡山市教育委員会）
『新修倉敷市史』２　古代・中世（倉敷市）
『藤戸町誌』（藤戸町）
『衆楽園』（津山郷土博物館）
岡山県、各市町村、施設、団体等発行のパンフレット及び公式ホームページ

索　引

あ

い

う

え

お

か

き

く

け

こ

さ

し

す

せ

そ

た

ち

晴れの国おかやま検定公式参考書2024－2025

2023年９月30日　初版第１刷発行

協　力――岡山商工会議所
　　　　　岡山県
装　丁――惣田美和子
編　集――吉備人出版編集部
発行所――吉備人出版
〒700-0823　岡山市北区丸の内２丁目11-22
電話086-235-3456　ファクス086-234-3210
振替01250-9-14467
メールbooks@kibito.co.jp
ウェブサイトwww.kibito.co.jp
印刷所――株式会社 三門印刷所
製本所――株式会社 みどり製本

Ⓒ kibito 2023 , Printed in Japan
乱丁・落丁本はお取り替えいたします。ご面倒ですが小社までご返送ください。
ISBN978-4-86069-715-0　C0026